忙しい人のための家事ラク&時短を叶える収納術

心地よく暮らす片づけ・収納

Clean up & Storage for Comfortable life

整理収納アドバイザー
えり

Introduction

はじめに

本書は、わたし・えりが、整理収納アドバイザーとして仕事をしながら、「育児や家事が忙しい中でも、おうちでの時間を楽しみたい！」と思い、おうちの整理整頓、片づけをして、居心地のよいおうち作りをした過程と、今の生活についてまとめました。

前職は、企業プログラマーでした。2児の母としてフルタイムで働きながら、いつも時間に追われていて、なかなか毎日をゆっくり楽しめないと感じていました。

そこで収納を改善したり、夫と相談したりしながら、少しずつ日々の家事や日々のルーティンを変えていきました。

変化はゆっくりとでしたが、だんだん時間にゆとりができ、最近は日々の生活を楽しむことができるようになりました。

わたしが出会った『整理収納アドバイザー』という仕事のおかげで、おうちを整えられたこと。

また、協力してくれた家族のおかげで、時間にゆとりができ、植物を楽しんだり、ゆったりとコーヒーを飲む時間が持てたりと、よい変化がありました。

最初から、すべてがうまくいった訳ではありません。収納を変え、使いにくければ再検討したり、家族が納得する形になるまで試行錯誤したり。

そんなこんなの変化を経て、今は片づけも、収納も楽しめています。

この本が、それぞれの形で暮らしを営む皆さんの役に立ち、暮らしをもっと楽しもうと思うきっかけになれたら、こんなに幸せなことはありません。

整理収納アドバイザー・えり

住まいが整えば、
暮らしはうまく回り出す。

忙しくても、毎日を
心地よく暮らす部屋に。

毎日が忙しくて、片づけも家事も
手が回らない……そんなあなたへ

忙しい夜の夕食づくりや掃除、洗濯。
毎日、やるべきことはてんこ盛り。
そんな「時間がない！」と思っている人にこそ、
まずは住まいを整えてみることをオススメします。
働いていても、子どもがいても、
ストレスが溜まっていても、大丈夫。

少しの収納のコツと、
日常を回す仕組みづくりで

一気に片づける必要はありません。
気になったモノの配置を、少しだけ動かしてみる。
収納へのモノの入れ方を、ちょっとだけ変えてみる。
ちいさな工夫をコツコツと積み重ねるだけで、
日々の家事や片づけはもちろん、
どんどん暮らしはラクに回り出します。

心地よい暮らしは、すぐそこに。

まずは気になった工夫から、
試しに取り入れてみてください。
今日からはじめられる
片づけと収納の小さなアイディアで、
家族みんなが笑顔になれる部屋になりますように。

わが家の朝ルーティン。

朝ルーティンは、まず朝食の準備から。大人はオートミールで、子ども達は、エネルギー源になる鮭おにぎりやバナナ、そしてタンパク質が取れるようにヨーグルト。これが、わが家の定番メニューです。朝食メニューは「出すだけ」の定番セットを作って、準備をスムーズに。

6:00　朝食づくり

朝からご飯は炊かず、昨晩の冷凍米をチン!

時間のない朝は、鍋で炊いて冷凍しておいたご飯をチン。ジップロックの保存容器に一膳用を入れておけば、温めもスムーズ。いつも炊きたてのように美味しいです

おはよう!

6:30　子ども達を起こす

毎日20時30分から21時の間に就寝する子ども達。今は兄妹仲良く同じ部屋に寝ているので、二人一緒に起こせてラク。起こす前にご飯を準備しておけば、そのまま食べはじめられます

Check!

7:00　朝食

子ども達がご飯を食べている間に……わたしはさくっと食器洗い!

子ども達と一緒に朝ご飯を食べ始めます。わたしのほうが先に食べ終わるので、子ども達がご飯を食べている間に、会話をしながら、平行して自分のやることを済ませます。朝ご飯の調理器具を洗ったり、身支度をはじめたりします

▶ 暮らしの工夫は66ページから

Check!

7:30　お出かけの身支度

子ども達は自分で着替えます。上着、ズボン、靴下のボックスから、自分の着たいものを選んで。この収納の仕分けは、子ども達自身で作った仕組みだからわかりやすいようです

▶ 収納の工夫は90ページから

自分で
用意するよ！

身支度は同じ引き出しに
まとめて取り出しやすく

子ども達の学校用品が置いてあるフリースペース。翌日に持っていくハンカチや帽子、上着、水筒の袋を1箇所にまとめて準備しておけば、カバンに移し替えるだけで準備完了！

そのころ……

Check!

見やすい収納なら
毎朝、服に迷わない！

▶ 収納の工夫は78ページから

歯を磨いたら、すぐメイク
道具が取れる位置

▶ 収納の工夫は86ページから

身支度セットは
ひとまとめ！

パウダーやアイシャドウは、透明の三段ケースにひとつずつ平置き。筆類はマグにまとめて、メイク時間を短縮。収納は、歯磨きしながら使える鏡の裏に。着替えもこのタイミングで

8:00～8:30　子ども達、出発

長男は、8時には登校班で小学校へ。下の子は、8時半ごろにわたしが保育園に送ります。ここから自分の出勤時間までが、朝の家事時間。朝のうちに最低限の掃除を終わらせます

Check!

8:45　出勤前に、さくっと朝家事

みんなが出発したら、椅子を上げて、お掃除ロボットをスタート。15分だけ集中して、なにか1カ所だけでも家事をすれば、気分がラクになります。葉っぱへの水やりや、余裕があればトイレ掃除も

わが家の夜ルーティン。

毎日の夜家事はルーティン化。「これだけは」やることを決めておけば、動きを止めず、考えなくても無駄なく1日を終えることができます。でも、仕事から帰ってソファでくつろいだ瞬間、疲れが出てしまい、動けなくなることも。そんなときは、ルーティン通りいかなくても気にしません。

ただいま!

18:00　退勤、子ども達が帰宅

下の子のルーティンは、園に持って行った手拭きタオルを洗い物のカゴに入れ、水筒を流しに置くこと。習慣になっているので、なにも言わなくても自分ごととしてやってくれます

▶ 収納の工夫は50ページから

18:10　夕食づくり

20分くらいで
パパっと
作ります!

子ども達が宿題をしている間に……

長男は、ご飯前の宿題がルーティン。一緒に取り組みながら、私は夕食準備に。子ども達は腹ペコなので、夕ご飯は「作りながら出す」方式で

▶ 暮らしの工夫は110ページから

いただきます！

18:30　夕食

一緒に夕食を食べている時間は、夜で一番、楽しいひととき。子ども達は寝る時間が決まっていますが、ご飯は急がせずに、好きなペースで食べさせるのがわが家流

19:30　みんなでお風呂

20:00　子ども達と遊ぶ、リラックスタイム

子ども達と一緒にお風呂へ。時間がない日は、お風呂前に「楽しい入浴剤があるよ！」と前向きに声掛けするとスムーズに入ってくれます。お風呂場は子どもとゆっくり話せる、貴重な時間

一旦家事を中断して、子ども達と遊ぶ時間。なるべくこの時間を確保できるように、子ども達のいない朝と、就寝後に分けて家事をしています。わが家では、食洗機や洗濯の乾燥機を使って、できる範囲の後片づけはなるべくお任せに

今日もたくさん
遊んだなあ。
リラックス～

21:00　子ども達、就寝

寝る時間が迫ってきたら、歯磨きタイム。長男は自分でできるようになりましたが、下の子の仕上げ磨きはわたしの仕事。「早く磨き終わって、絵本読もう!」と声掛けすると、スムーズに磨き終わります

21:15　夫が帰宅

子ども達が寝る準備をしている頃、夫が帰宅。大人用の簡単なご飯を夫が作る日も。また、早く帰ってきた日は、洗濯も夫の役目。疲れている日は特に、家事分担を決めておくと気がラク

▶ 暮らしの工夫は52ページから

21:30　夜のキッチンリセット

夫が洗濯ものを畳んでくれている間に、1日の締めくくりはキッチンリセットです。これが終われば、すっきりした気持ちで大人のフリータイムに突入!

▶ 暮らしの工夫は64ページから

Check!

22:00　大人のリラックスタイム。夫と話す時間

このタイミングで、家事や収納で気になることがあれば夫と話し合います。ゆっくり意見を交換できるので、この時間を設けることで、夫が頼もしいパートナーになりました。1日の出来事や子ども達のこと、そして共通の趣味である観葉植物のことなども話します

▶ 暮らしの工夫は52ページから

24:00　就寝

やり残した家事や仕事があっても、なるべく日付が変わる前には眠るようにしています。疲れた日は、「翌朝から頑張ろう!」と気持ちを切り替えて、早めに身体を休ませたほうがうまく回ります

Contents

62
PART 2

忙しくてもキレイが続く、収納のコツ。

100 Part 3 さくっと時短、家事のアイディア。

Staff
ブックデザイン／掛川竜
写真／文田信基（fort）
文章／茂木宏美
イラスト／えり
印刷／シナノ書籍印刷株式会社

PART 1

LIFESTYLE HABITS

自然と片づく、暮らしのルール。

Clean up & Storage for Comfortable life

毎日のちいさな習慣で、
無理なく部屋が片づいていく、
基本の考え方をご紹介します。
少し考え方を変えるだけで、
今すぐにでも、はじめられることばかり。
ぜひ、明日からのすっきり暮らしにお役立てください。

考え方を変えるだけ！
今すぐ片づく、
暮らしのルール

収納内のモノは
〝8割ぐらい〟がちょうどいい。

LIFESTYLE HABITS ／01

「モノを減らす」のが、一番の近道。

片づけや整理をはじめる前に、一番手っ取り早いのが「モノを減らす」こと。いくら片づけても散らかっている人の原因のほとんどは、ずばり「モノが多すぎるから」です。

それに気づいたのは、子どもが生まれたことで整頓しても、キレイにならなかったときでした。モノが増え、押入れがいっぱいになり、さらにはみ出る始末です。

収納の中は、ゆとりをもって8割程度がちょうどよく、ぎゅうぎゅうにモノを詰め込むのは、実はNGです。全体の8割くらいが取り出しやすく、しまいやすいから。無理なく出し入れできると、気持ちにもゆとりが生まれ、結果、自然と片づけたくなります。

さらに、モノが少ないと掃除もラク。「2割もモノを捨てて、大丈夫？」とはじめは不安に思っていましたが、意外と暮らすと平気なことがわかりました。次のページからは、具体的に、わが家のモノの減らし方をご紹介します。

たくさん持っていたアクセサリーは厳選し、今はこの3つのみに。ぜんぶがとっておきのお気に入りなので、毎日うれしい気分でつけられ、自然と手入れもていねいに。朝、「どれをつけよう？」と鏡の前で迷うこともなく、時短になりました

モノを減らすのは簡単。「どれを捨てるか」より、「お気に入りのモノだけを残す」意識で。

炊飯器を手放して、あえて土鍋だけの生活に。手放す前は「保温機能がないと不便かな？」と思っていましたが、約20分と予想以外に早く炊ける！　そして忙しい朝は炊き立てを冷凍したご飯をチンすれば、ほぼ変わらない美味しさでした

Step 1

**本当になくても困らない？
まずは1週間、試してみる**

「捨てる！」と決めたら、万が一「あったほうがよかった」と思ったときのために、1週間ほど布をかけて様子見。2週間でも、1か月でも、自分が納得いくまで置いておいてOKです。高価なモノ、捨てづらいモノほど一定期間を取るのがおすすめ

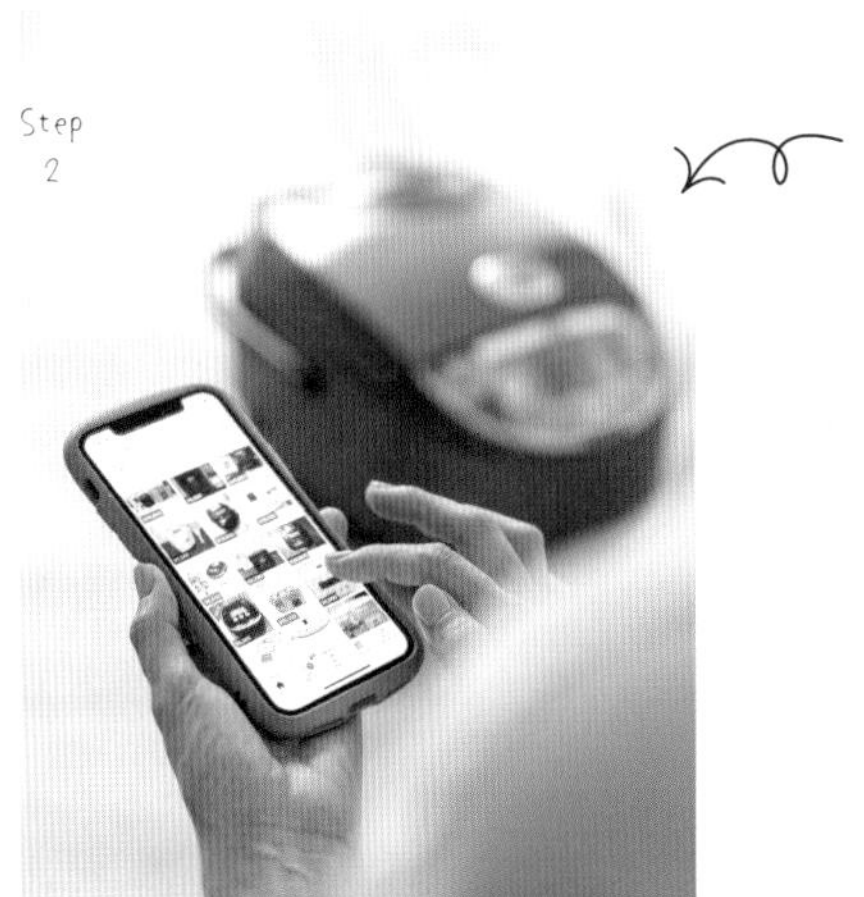

**自分が納得のいく
タイミングで、手放す**

炊飯器を使わなくなり、1週間経ち、1か月経っても「やっぱり必要……」と思うことがなかったので、そのタイミングで手放しました。高価なモノほど「もったいない」という気持ちもあるので、フリマアプリや、リサイクルショップを利用しています

**一定期間を置くのが
大事です！**

**特に、捨てづらい思い出の品や
おもちゃなどで有効！**

特に、手放しづらい子どものおもちゃや、思い出の詰まった品で有効です。どんなモノでも同じ手順を踏んで手放したモノは、ほとんど後悔しません

思い切って、炊飯器を手放しました。わが家はオープンキッチンなので、どうしても生活感が気になっていました。「鍋で炊飯なんてズボラだから無理！」と思いましたが、布をかけて放置してみると、意外と炊飯器の存在を思い出さず……。「もう復活しないな」と、納得したところで手放せました。

手放したいモノは、自分が納得いくまで保管するのがポイント。ただ、その間は場所を取るので、保管期間は半年から最大1年に。この経験から手放し方のコツがわかり、どんなモノでも同じ手順で手放すと後悔しなくなりました。

余計なモノは、家に入れない。

「溜まってから捨てる」は遅い。
すぐ捨てる・持ち込まないを
徹底する。

重い腰を上げて、掃除や片づけをする……その前に、まず「不要なモノは家に入れない」を徹底するとラクになりました。

たとえば、郵便物は、玄関でより分けて、必要ないハガキ類はその場ですぐに処分。クーポン付きのチラシは、「お得かも」と思って、とっておきがちなので、使う場面が具体的に想像できるクーポンだけを残すようにしています。スーパーのビニール袋なども、ゴミ入れに使ったりして、その場で使い切ってしまいます。

以前は、郵便物をキッチンまで持ってきて、置きっ放しにしていました。片づけないと……と思いつつも、時間がないから片づけず、何日も放置していたのです。

特に「いつか使いそう」と思って取っておくショップの紙袋や、割り箸などは、溜まっていくと整理が大変。潔く捨てることは、片づけの第一歩です。

郵便物は一時置きなどに溜めず、その場でキッチン脇のゴミ箱へ。郵便物だけでなく、レシートやビニール袋など毎日入ってくる小さな消耗品こそ、溜まると大変なモノの代表格

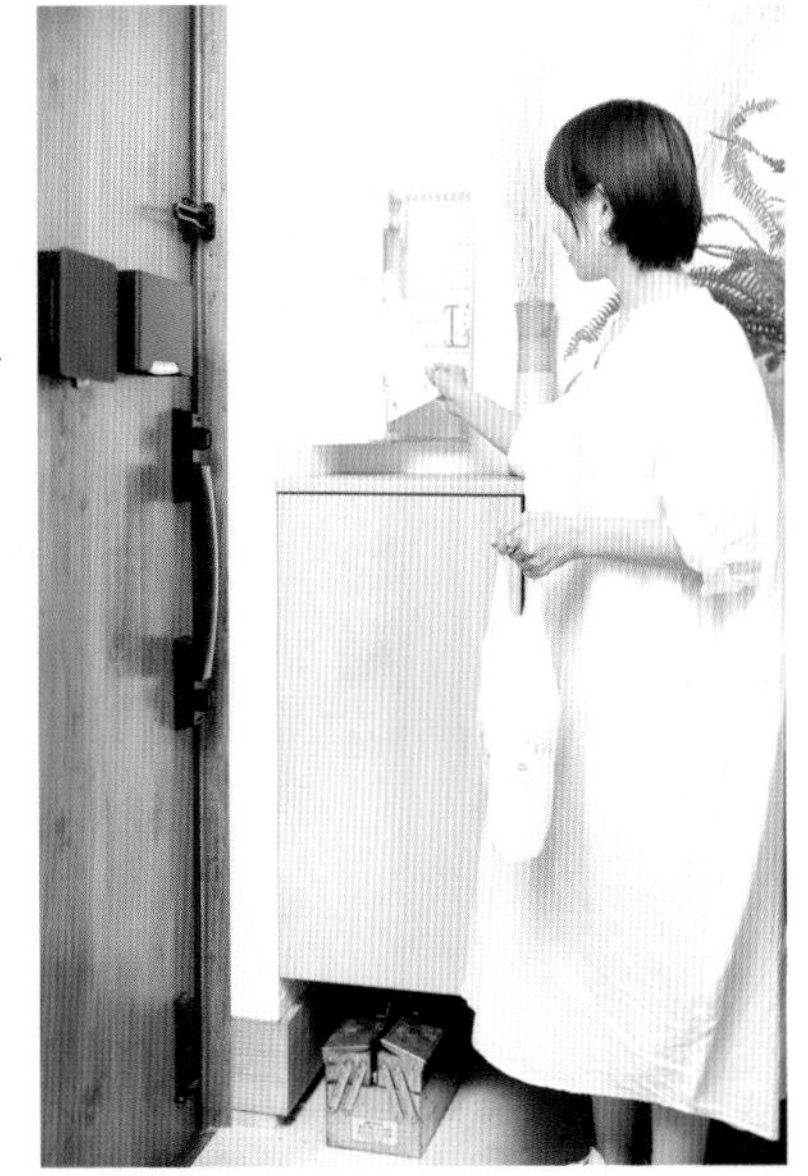

玄関に溜まりがちな郵便物は、届いたらすぐ振り分けて。割引券付きのチラシは、「いつ使う」、「必ず使う」場面がイメージできないなら、潔く捨ててOK

「見せる」収納は、無くすのが鉄則。

収納内は「見えない」だけで、劇的にすっきり。

きれいに整理したつもりでも、「あれっ？　なんだか雑多に見える……？」と思うこと、ありませんか？　それ、「見せる収納」のせいかも。生活用品のパッケージや、色柄がある洋服やおもちゃは、きれいに整えてもゴチャついた印象になりがち。そこで、わが家ではあえて、思い切ってオープン収納をなくし、すべて扉付きの収納棚や、中身の見えない引き出しやボックスにしました。

これが、大正解！　特にくつろいだり、家族が集まったりするリビングで効果的。モノを適当に放り込んでも、扉やフタを閉めれば、たった1秒で片づけ完了。疲れた日でも、すぐにすっきり片づいた部屋でくつろげます。コツは、中身がごちゃごちゃしないよう、ひとつの収納内は、なるべく1種類だけのモノをしまうこと。

カラフルなおもちゃも、箱に放り込むだけなら子ども達でも片づけられ、まさに一石二鳥です。

リビングのモノは
棚の中へ隠すのが正解！

Before

整理してもゴチャついて
見えがちなオープン収納は……

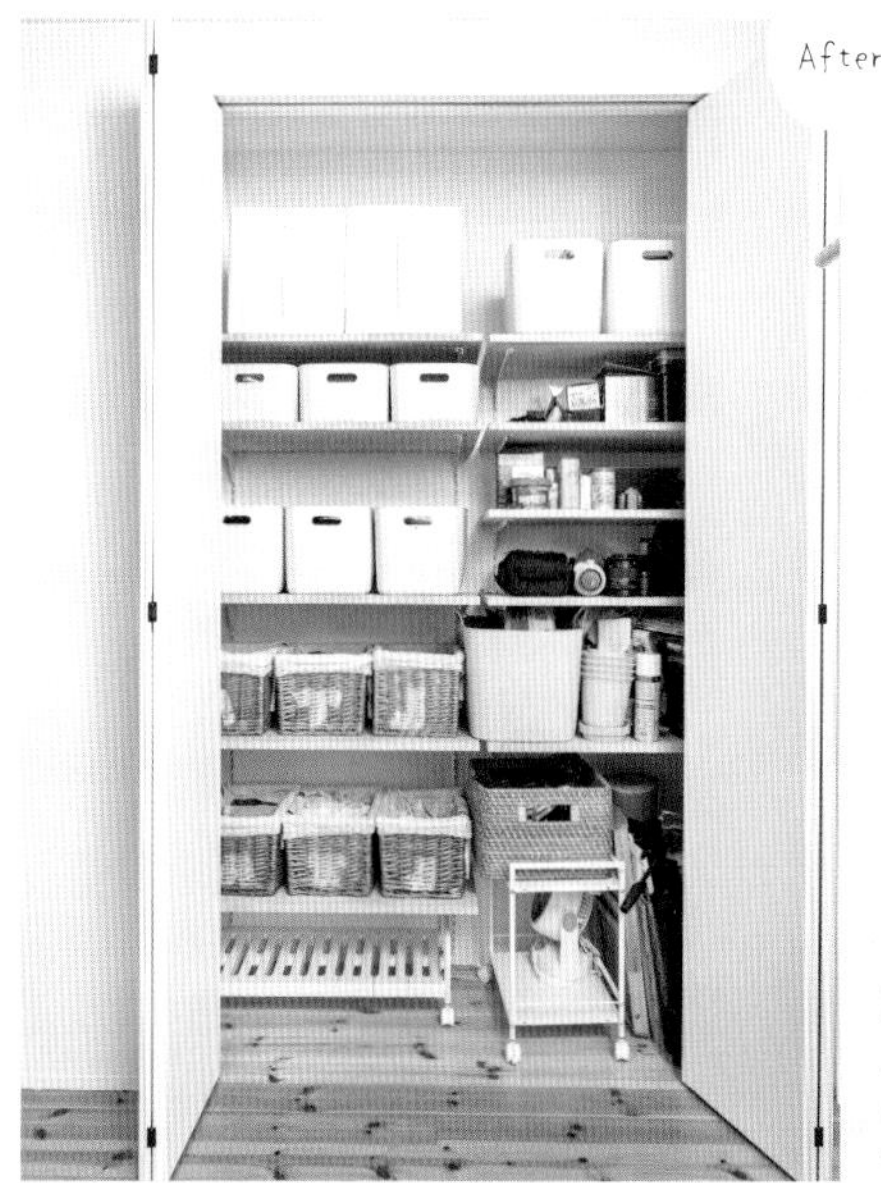

After

扉付きの収納棚や、中身の見えないボックスへ入れるだけで、雑多に放り込んでもすっきり片づいて見えます！

わが家の「見せない収納」は、〝扉付きの収納家具〟に限りません。わざわざ、新しく家具を買わなくても大丈夫。たとえば、中の見えないボックス収納も立派な「見せない収納」です。フタ付きのボックス収納は、雑多なモノを放り込めるのに、空間を美しく見せてくれるので、とても便利。取ったり出したりする頻度が高いものはフタなしがオススメですが、中が見えてしまうので収納を置く場所は吟味して、見えづらい場所に置いています。

収納ボックスを選ぶコツは、自分がテンションの上がるモノを買うこと！　中身が見えない分、見たときに自分が「キレイにしよう」と思えるモノを選ぶと、片づけたくなるものです。近くに家具がない場合は、こっそり傍らに置くだけでもＯＫ。たとえば、観葉植物の手入れ用品は、植物に紛れ込ませるようにそっと置いています。見た目も使い勝手もいいので、お気に入りの収納方法です。

わが家の「見せない収納」をお見せします。

デスクスペース

オープンな棚は、中身の見えない収納ボックスを使ってあえて「見せない収納」に。わざわざ扉付きの収納家具を買わなくてもOK

ダイニング

リモコンなどの生活感が出やすいアイテムも、中身の見えないボックスに。取りやすさを重視して、フタはないものを選びました見せない収納はモノをしまうため、わかりにくく、取り出しづらいイメージですが、ワンアクションで取れるように、ボックスやカゴ収納にするなど、「開けたらポイポイしまえる仕組み」にするのがコツ。中身も1種類のモノだけにします。こうすれば、決して使いづらくありません。

毎日の暮らしの中では、本当は出しておくほうが、すぐに使えて便利なアイテムもあります。例えば、リモコンや携帯の充電器など。これらは小さくても生活感を醸し出すので、あえてフタのないボックス収納にしています。ざっくり収納するだけで、忙しい日も片づいた部屋でくつろぎたいから、辿り着いた方法。わが家で出ているモノは、すぐ使いたいティッシュ類くらいです。

ちなみに、わが家にも見せる収納はあります。それは、キッチンの飾り棚。キッチンでは料理のモチベーションを上げるために飾っています。

キッチン

キッチンのブレッドボックスには使いかけの食品などを入れて。インテリアとして自分のテンションが上がる収納なら、見るたび笑顔に

観葉植物

観葉植物用のスプレーは、植木鉢の脇にこっそりと設置。リビングからは死角になる位置なら、すぐ手に取れて使いやすいです

「とりあえず」で 収納を買わない。

収納用品が増える→余計にモノが増える。

中身と大きさを吟味して、 無印良品の収納シリーズで揃えました

思い出のアルバムや、子どものお誕生日グッズ。頻繁に取り出さないので、いちばん上の棚でOK

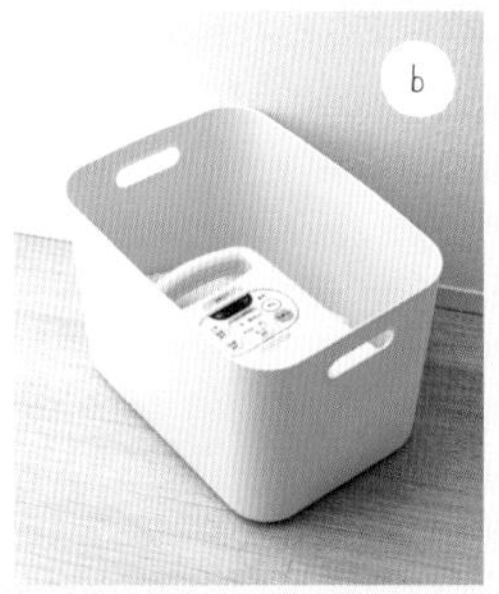

布団乾燥機を入れています。むき出しで収納するより、取っ手付きケースに入れたほうが取り出しやすい

2階のトイレで使う掃除用品をストック。棚のすぐ近くにトイレがあるので、かさばるモノはまとめています

木のフタのボックスは裁縫道具。糸などのストックは無印のポリプロピレンファイルボックス、小物は紙袋に

2階で使う文房具や、キャンドルなどの雑貨と毛玉取り機。雑多で細かいものは、中身の見えるカゴに入れて

無印のやわらかポリエチレンケースには、家電の使わないコードなど、電気系のモノをまとめています

「片づけなきゃ！」と思ったとき、まず、モノの量や大きさにあわせて収納を買いがちです。しかし、収納が増えた分だけ「まだ入る」と思って、結果的にモノが増えた……という経験はありませんか？

わたしも昔は、１００均などで安い収納用品を「とりあえず」と思って買っていたら、自分の理想としている部屋からはどんどんかけ離れていってしまいました。なんとなく整理はされた……でも、買い直したい……と、逆に悩みが増えてしまったのです。

だから、まずは収納を買う前に、家にある箱などで代用し、本当に必要か考えるのがオススメです。そして、モノを増やさないこと。このふたつを徹底することで、お部屋は理想の収納スタイルにぐっと近づきます。特に寸法だけは間違えると買い直す原因になるので、面倒でもよく吟味するようになりました。

After

c a b d e f

とりあえず、納戸に詰め込んだ感満載の収納。使いづらさに困っていました

2階廊下の収納。裁縫道具、思い出の品など、主な中身は前の収納と同じ。収納ケースを揃えただけで、劇的に使いやすく、見た目もすっきりしました

カタチから入る。

収納は同じ形・色で揃えるだけで、簡単にサマになる。

収納用品は、同じ形と色を揃えるのがポイント。簡単に、整頓されているように見え、寸法もぴったりになることが多いです。

同じ形の収納は、空間に無駄なスペースを作りません。中身はラベリングなどでわかりやすくするのがオススメです。ただ、中に入れるモノによっては、全部同じにできないこともあります。そんなときは、棚ごとに同形の収納をいくつか並べるのがコツ。同じ形が並んでいると、空間が一気に美しくなります。

基本的に、色も同じにするのがベストです。特に形が違う収納が並ぶときは、色を揃えると統一感が生まれ、空間がスッキリします。気に入った収納シリーズがあれば、同じ場所の中だけでも揃えてみるといいかも。もし、すべて揃えるのが大変なときは、無印良品やＩＫＥＡなど、長く販売されている買い足しやすい収納がオススメです。

収納は同じ種類のシリーズで
揃えるとキレイ！

サニタリー　ダイニング 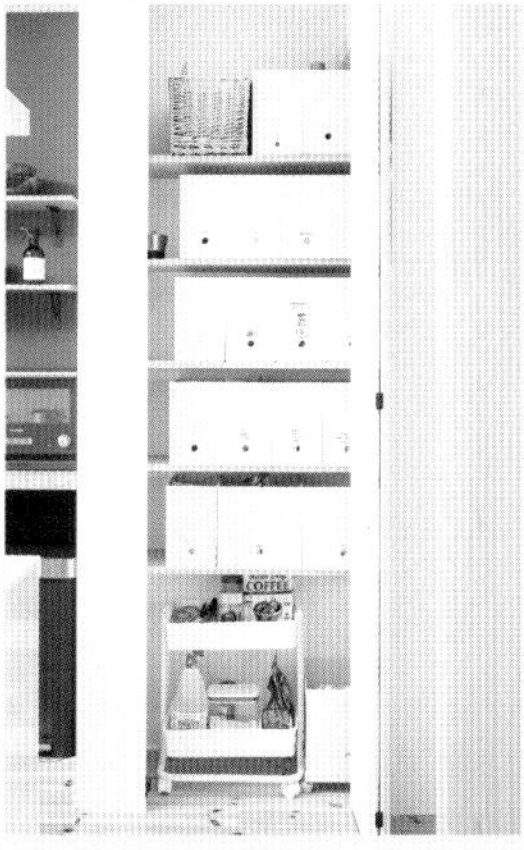　リビング

同形、同色は、見たときにスッキリ見える効果があるので、収納スペースを劇的に美しい空間にします。買い足す時も迷わないので、時短効果も

使うモノ・コト・ヒトを
近くに置けば、劇的にスムーズに。

LIFESTYLE HABITS ／06

「近くに収納を置く」のがルール。

汚れやすいダイニングテーブル近くに
ハンディ掃除機をかけて収納！

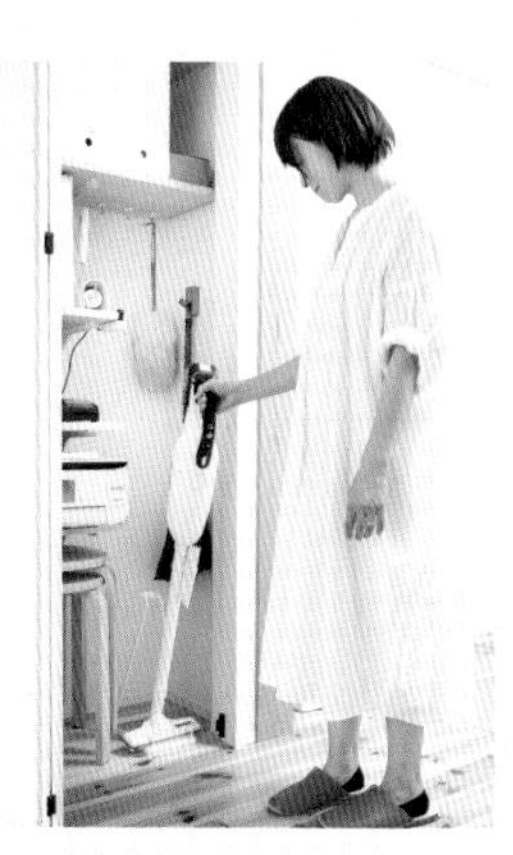

食べこぼしなどで汚れがちなダイニングテーブル近くの収納には、マキタのハンディクリーナーを収納。かける収納にしておけば、さっと取り出しやすく、気になったときにすぐ掃除できる

使いやすい収納のコツとは、「使う場所のすぐ近くに収納場所をつくる」こと。使いたいときにサッと手に取れ、サッと戻せれば、時短にもつながります。

場所ごとに「どんなコトを行うか？」、「どのヒトが使うか？」、「なんのモノが必要か？」を考えながら、収納をつくるのがベストです。

例えば、仕事をしたり、子どもが勉強をしたりするダイニングテーブル横の収納には、文房具や、消しゴムのゴミを掃除するためのクリーナーなどを収納しています。子どもはランドセル置き場まで筆箱を取りに行かなくても、勉強にすぐに取り掛かれ、モチベーションを落とさずに宿題ができます。仕事でパソコンを使いながら書類を書くときも、集中力が中断されることなく、スムーズに捗ります。

次のページでは、わが家の例とあわせて、具体的な方法を紹介します。

わが家のモノ・コト・ヒトに「近い」収納

玄関

玄関脇のオープンラックに小さな箒をかけて収納。サッと手に取れるから、気になったらすぐに掃除できます

ダイニング

ダイニングテーブルから手に取れる、キッチンカウンターがウェットティッシュの定位置。テーブル上の食べこぼしも、キッチンのちょっとした汚れもサッと掃除

モノ・コト・ヒトに「近い」収納は、家をキレイにする大切なポイントのひとつ。「なにかの動作で使う」なら、「いちばん近いところに道具を置く」ことを徹底しましょう。まずは、収納環境を整える。忙しい人にこそ、やってみてほしいコツです。

まずは、家で毎日する動作を思い浮かべてください。必要なモノはどこにあるでしょうか？　こうした問いかけで、自分や家族のさまざまな動きを見ていくと、収納場所と収納するモノを決めやすいです。

特に、掃除道具の収納位置は、道具を手に取るハードルが下がることで、掃除時間も短くなるため、この考え方がとても役に立ちます。

ここでは、玄関の掃除を例にあげてご紹介します。お掃除ロボットが行き届かない部屋の隅に、ホコリが溜まっているのを見つけました。掃除機は、リビングの扉のある収納の奥のほう

キッチン

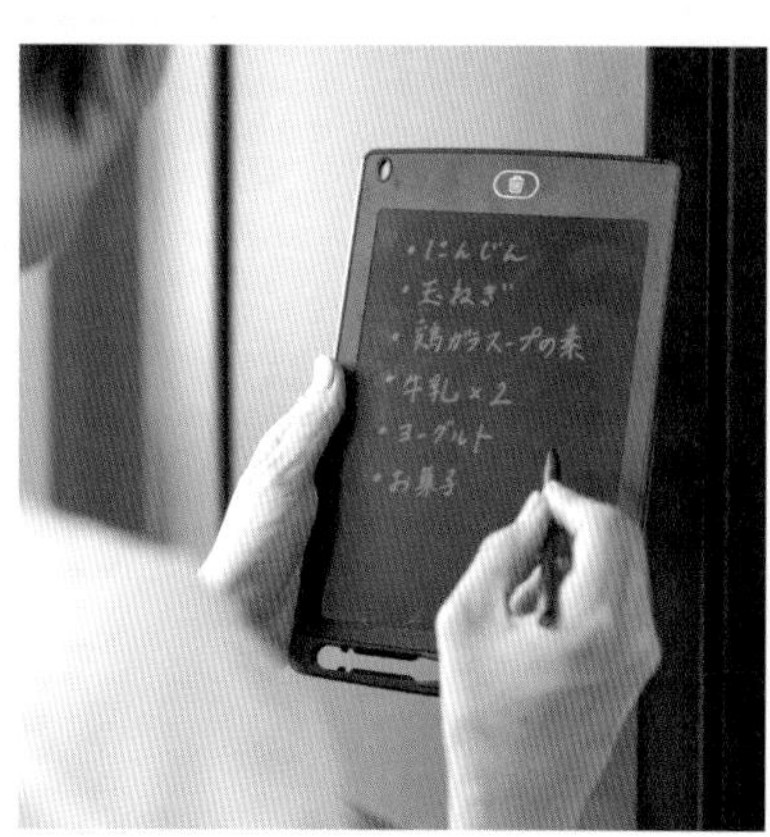

冷蔵庫脇に磁気マグネットで引っかけて、タブレットをこっそり収納。「あっ、あれがない！」と気付いたら、買い出しメモをスムーズに書ける位置

に入っているとします。そのため、掃除機をかけたいけれど、持ってくるのはやや面倒。私はそんなとき、やりたいと思っていた玄関掃除をやめて、「今度リビングを掃除するときに一緒にやろう」と思ってしまい、ホコリを溜めたままにします。そして、後日行う掃除が、ちょっと大変になるのです……。

　だから、なにかを行うときに、すぐ手に取れる位置をモノの定位置にするのは重要なポイント。使い終わったら、元の位置に戻す手間も少ないため、片づけも後回しになりません。結果、散らかりづらくなります。

　そして、思いついたときにすぐに行動に移せて、しかもその場で完了するので、「あれしなきゃ！」と思うことが少なくなり、思考もすっきりしました。すぐに行動できるので、家事の時間と労力の負担が減って、ストレスがなくなりました。

Step 1

使いやすい位置に収納があれば、「ながら」掃除が叶います。

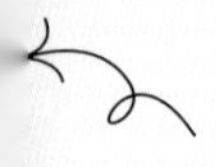

階段手前のラック収納の取りやすい位置に羊毛ダスターをセット

LIFESTYLE HABITS ／07

「ながら」ができる収納で、時短に。

何かの動作とセットなら、無理なく片づけも掃除もはかどります。

わが家では、階段は上がりながら掃除するもの。階段の上と下に掃除道具の収納を置くことで、掃除しながら階段を上がり、次回は下に降りるときに掃除できます。道具を取りに行く手間ひまとストレスを省けるので、ズボラなわたしにぴったり。掃除道具は、見た目も可愛い羊毛ダスターを使っています。

「ながら」掃除は時短にもなります。生活の動きの中に組み込めるので、「掃除をするぞ！」という意気込みも必要ありません。いつも使う場所がキレイだと、気持ちも軽くなるものです。

また、片づけも、私は「ながら」。2階に持っていくものを階段にまとめて置いておき、上に行くときに一緒に持っていけば、時間も労力も1回で済みます。

少しの工夫ですが、自分が気になる場所がいつもキレイになり、快適です。

階段を上りながら、気になる部分をササッと掃除

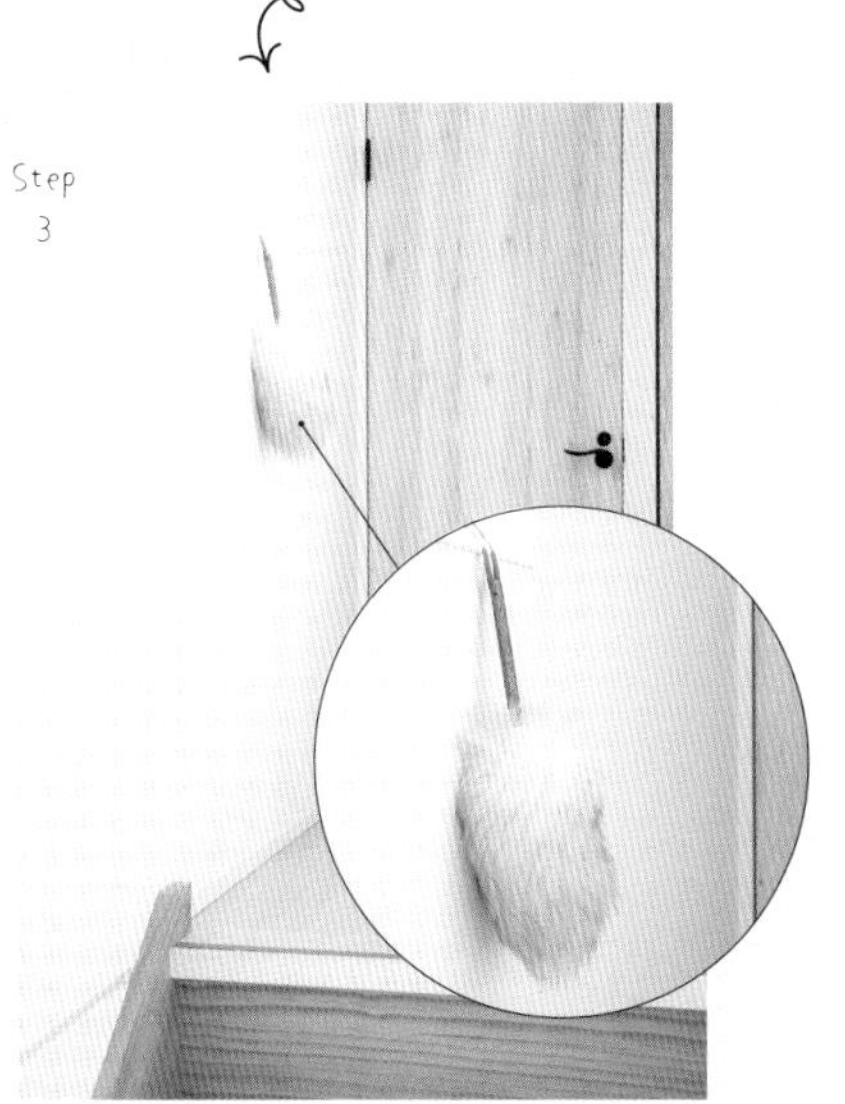

階段上にも引っ掛ける収納を。わざわざ階段下に収納する手間なく、また2階から降りてくるときにも掃除ができます

他にもこんな「ながら家事」で、
超簡単にキレイをキープ。

帰ってきたついでに、玄関掃除。ロボット掃除機では吸い取れないホコリが角に溜まるので、玄関脇のラック収納に引っかけたホウキでササッと

他にもこんな「ながら」家事

- ○ 洗濯物を洗うついでに洗面台を拭き、そのまま洗濯機にポイ！
- ○ お風呂上がりのバスタオルで気になった場所をちょっと拭く
- ○ トイレに座りながら、手が届く棚などの拭き掃除。必要な時にはブラシ掃除も
- ○ 洗濯物をしまうついでに、収納内の衣類を整える
- ○ 子どもを送って帰ってきたついでに、庭の草木に水やりします
- ○ お風呂上がりに、浴槽と浴室の床を掃除（夫）

歯磨きついでに、拭きあとが残らないパストリーゼで鏡を磨きます。洗面台に常時置いてあるマイクロファイバークロスで拭けば、ピカピカの仕上がりに

わざわざ掃除の時間を取れない日も、「ながら」なら無理なく続けられます。いつもキレイな状態を作っておけるので、まとまった掃除時間は必要ありません。

「ながら」掃除を続ける一番のポイントは、手に取りやすい位置に、掃除道具を収納すること。「掃除をするぞ！」と意気込まなくても、これだけでラクに取り組めるようになります。

以前、子どもが赤ちゃんのときは、掃除の時間を思うように取れませんでした。そこに、なんでもあと回しにしてしまうわたしの性格が加わると、家の中はまったく片づきませんでした。

この問題から抜け出すために、考えついたのが「ながら」掃除。今では、「ながら」が習慣化されているので、無意識に掃除していることもあるほどです。家はいつも片づいているので、急な来客でも慌てません。

どんどん増えていく思い出の品や子どもの工作、アルバムは、納まる分だけを保存してデータ化。

Lifestyle Habits ／08

思い出は、ここに納まる分だけ。

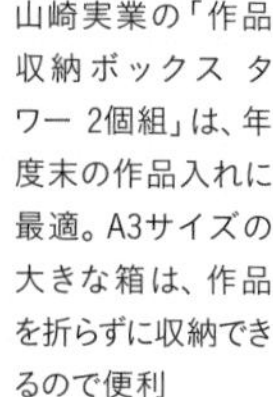

山崎実業の「作品収納ボックス タワー 2個組」は、年度末の作品入れに最適。A3サイズの大きな箱は、作品を折らずに収納できるので便利

箱からはみ出たら写真で残す！

大きな作品はスマホでデータ保管

溜まりがちなスマホの写真やデータは、充電しながらバックアップできる「Qubii Duo」を愛用。SDカードを差し込むだけの簡単操作です

後ろ髪を引かれても、保管が難しい立体作品など大きいモノは、写真でデータ化。収納場所を取らず、いつでも思い出を振り返れます

際限なく増えていく思い出の品。写真類が入ったアルバムや、子どもの工作物は、どれも想いが詰まっていて手放しづらいものです。

そこで、わが家では収納スペースを「この箱だけ」と決めて、納まる分だけを保管しています。子どもに1個ずつ収納ボックスを用意し、中に入らなくなったら見直して整理しています。子どもには、要るか要らないかを確認してから手放すというルールです。

保育園や小学校で作る作品は、子どもに作品についての想い入れを聞きながら整理しています。想い入れがある大型の工作物は、必ず写真を撮って思い出を残すことにしています。

収納ボックスの保管場所は、リビング収納の中の1番上。出し入れが少ないので、取り出しにくい位置でも大丈夫。印刷した写真や、子どもからもらった手紙など、親が残しておきたいモノは、別の場所に収納しています。

「何もない」≒「掃除しやすい」。

特に「床には何も置かない」を
徹底するのが片づくルール。

掃除が大変だと感じる原因は、掃除の流れを止めるモノのせい。床置き収納が少ないだけで、掃除の手間は劇的にラクになります。散らかったモノを整理するために、カゴやボックスなど、床置きの収納を増やそうと思いがちですが、掃除のたびに動かす手間が面倒になります。これが、掃除を億劫にさせてしまう原因だとわかったら、床には何も置かないのがいちばんだと実感しました。

どうしても何かモノを置きたくなるテーブルの上も同じ。わが家では、モノは必ず収納に戻し、常に何も置かないようにしています。拭き掃除が簡単なだけでなく、できた食事もポンポンと配膳できて快適。さらにリビングが整然としてスッキリ見えることも気に入っています。

特に寝室は、「何も置かない」を徹底しています。床に何もないから、スイスイ掃除機を動かせ、面倒という気持ちがわかないのがラクです。

掃除や片づけのストレスがないのは
「床には何も置かない」から

寝室は寝るための部屋。だから、余計なモノは必要ありません。そうしたら、掃除もとてもラク。広々しているので、ベッドメイキングするのも簡単です

LIFESTYLE HABITS／10

家族と片づけ。

ひとりで片づけるのは大変。
家族も巻き込んで楽しく整理！

手放しづらい子どものおもちゃは、いつの間にかたくさん溜まりがち。でも、いつも全部のおもちゃで遊ぶわけではありません。だから、1階と2階におもちゃスペースを設けて、一定期間で仕分けています。

よく遊ぶおもちゃは1階に、あまり遊ばないおもちゃは2階に収納しています。定期的におもちゃを見直して、行ったり来たりさせるのがオススメ。分けて整理することで、子どもの遊び場に一定量を保ちやすく、子ども達が片づけるのも簡単です。

仕分け方は簡単。まずは子どもが遊んでいる様子を観察し、使っていないおもちゃを見極めます。そして、それを一時置きへ。子どもに「あれはどこ?」と言われる機会が1ヶ月ほどなかったら、今度はそれを2階へ移動させるだけ。おもちゃの量が減り、子どもがラクに片づけられるので、わたしの出番も少なくなりました。

子ども達も協力してお片づけ!

楽しく遊んだら、ボックス収納にポンポン入れるのが我が家の定番。最初は一緒に手伝いますが、子どもたちが慣れてきたら各自でやってもらうようにしています

Step 1

遊ぶ様子を見て、使わないおもちゃを観察

Step 2

こっそり隠して、様子を見る

できたよ！
ぽいぽい放り込めるボックス収納なら、
片づけもストレスフリー。

椅子にちょこんと座りながら取り出したり、しまったり。ちょうどいい高さだから、子どもも喜んでお片づけしてくれます

LIFESTYLE HABITS ／ 11

「しまいやすい」≒「散らからない」。

おもちゃも服も放り込むだけ！

自分のタオルを取り出して、明日の幼稚園の準備。収納一つで、自分のことが自分でできるようになっていくこともあります

取っ手付きのカゴ収納は持ち運びがラク。サッと取り出せる位置に置けば、遊んだあとの片づけも億劫ではありません

収納は「しまいやすさ」がポイント。しまいやすい位置は、同時に使いやすい位置でもあります。わが家では、フタなしのボックス収納が大活躍。しまいやすさを考えると、特に子どものモノには最適な収納です。

楽しく遊んだあとの片づけも楽しくできるように、放り込めば片づけが終わる位置にボックス収納を設置。家事の負担を大幅に減らしてくれるので、片づけ終わったときは、「よくできたね」、「ありがとう」の言葉を忘れないようにしています。しまいやすい仕掛けを作れば、家族での片づけも簡単です。

しまいやすいオススメの収納は、ふたつ。ボックス収納と、引き出しにそのまま入れる収納。フタ付きの収納や棚の中は、「フタを開ける」、「扉を開ける」というハードルがあるので、大人のモノや使用頻度がやや低いモノの収納にしています。

ひとりでがんばらない。
家は家族みんなで
キレイにします。

LIFESTYLE HABITS ／ 12

家事分担のススメ。

わが家の家事分担表

子ども	夫	わたし

○ご飯の配膳や食器下げ	○お風呂や水廻りの掃除	○料理
○自分の服の片づけ	○観葉植物の世話	○お皿洗い
○おもちゃの片づけ	○洗濯	○リビングや寝室の掃除
		○片づけや整理

わが家の家事や片づけは、家族で分担しています。

どこを分担するかは、「なんとなく」より、はじめに決めておくことがポイント。そのほうが、自分の持ち場という責任感を持ってくれるようです。

決め方は、前職プログラマーの仕事術を活かして考えました。まずは、自分で問題の解決策を考えます。そして、試験的にやってみて、出てきた結果を家族に話して、分担してもらいます。「家をキレイにする」プロジェクトを家族で進行させていくイメージで取り組んでもらうのです。

もし、家事分担で問題が起きたら、1週間以内に問題を解決すると決めて、夫に相談。それぞれが解決策を調べておき、時間のある夜に30分ほどで話し合います。出てきた方法で、実際に分担していけるかをイメージしながら最終的な答えを見つけていきます。

プリントは基本、全部捨てる。

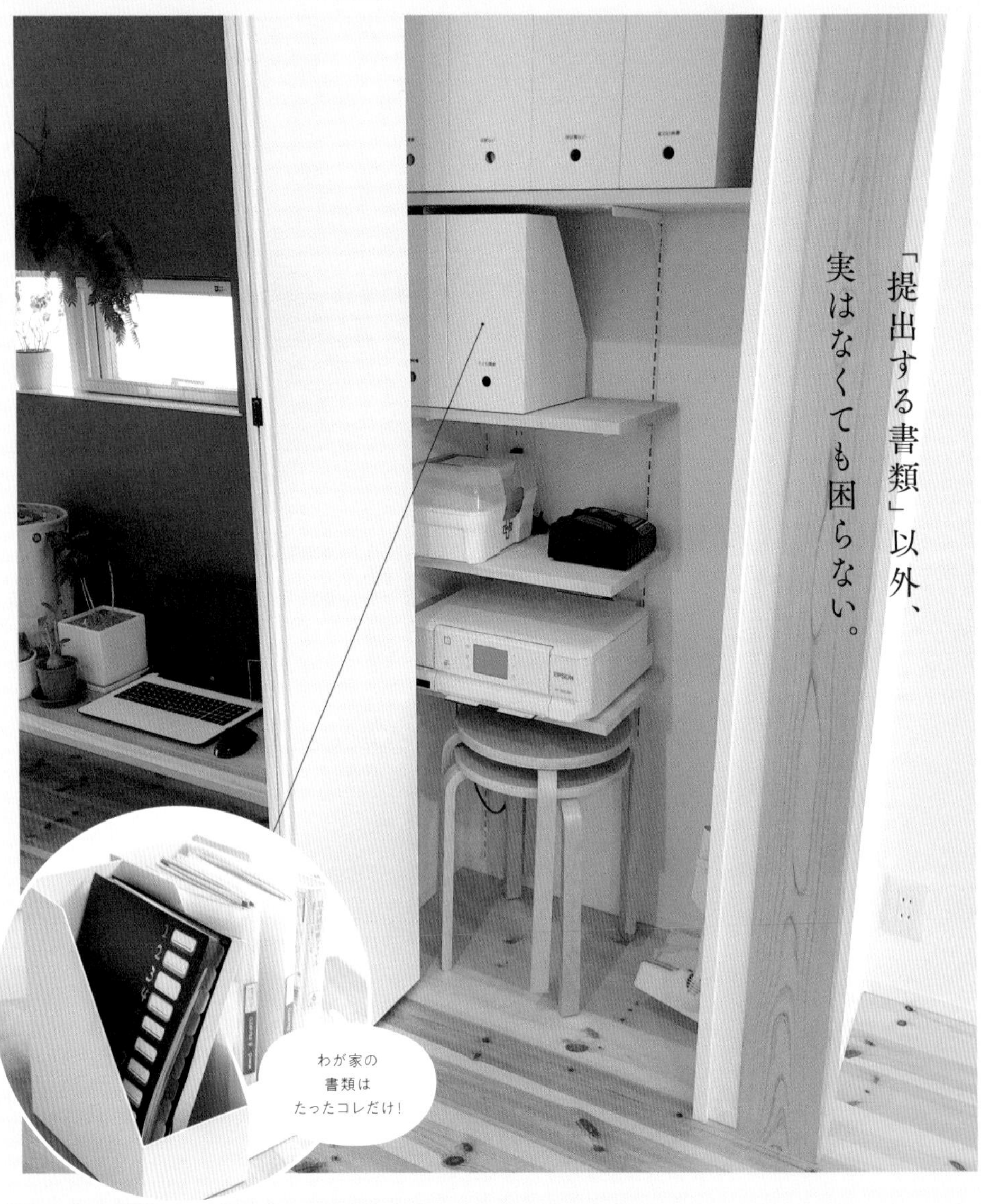

「提出する書類」以外、実はなくても困らない。

いつの間にか溜まるプリントや書類。なんとなく取っておく気持ち、わかります。ただ書類は、積もり積もると整理が大変なものの代表格。一見、重要そうで捨てづらいのですが、基本はすべて捨てても大丈夫でした。

わが家では、提出する必要のある書類と、「今、使っている」書類だけを、このファイルひとつにまとめています。順番に処理して、使わなくなったら捨てるなり、提出するなりして、一定量を保っています。それ以外の紙は、基本的に全捨て。

保管する領収書や案内等はすべて、スキャンしたり、スマホで撮影したりして、デジタル化しています。特に、手軽なスマホのスキャンアプリがおすすめ。再提出の必要のある書類や、子どものプリント類だけは、別のファイルに「1カ月だけ」など一定期間を決めて保管。役目を終えたら、順番に手放しています。

提出する書類だけは
一時置き場へ

提出前の書類や宿題のプリント、保証書など、現物が必要な書類だけをこのファイルに一時保管。この量に納まるようにすると、自然と処理も早くなります

LIFESTYLE HABITS／14

「兼用」すれば、もっと片づく。

いざというときの防災用品は、
わが家はキャンプ道具と兼用。

いつも飲んでいる水は、ストックと備蓄を兼ねて、少し多めに買っておきます。尾西のフリーズドライのご飯は、味もよく、キャンプ時にも大活躍。いざというとき、食べ慣れているものがあると安心です

キャンプに行くときの持ち物チェックリスト。オール電化住宅なので、風の影響を受けないカセットコンロは、緊急用の火に。ランタンは懐中電灯代わりに、ポータブル電源は災害時の携帯充電などに役立ちます

いざというときに持っておきたい防災用品。いつ使うか分からないので、わが家では、外遊び道具やキャンプ用品と兼用しています。防災用品の収納スペースを確保する必要がなく、レジャーのときに電池切れなども確かめられるので、メンテナンスも兼ねられ一石二鳥。足りない備品をいつでも不足なく、準備しておける安心感ももたらしてくれます。

備蓄品などのストックも、特別なモノは買わずに、保存がきく食材を多めに購入。いつ使うか分からない食材を保管しておくと、賞味期限切れになりがちです。せっかく用意しておいたのに、食べられないのは困りもの。あえて、備蓄品は普段よく使う食材とは分けず、「使ったら、新しいモノを買う」を繰り返せば、「備蓄品を食べたらもったいない！」と敬遠する意識もなくなります。いつ使ってもいいと思えると、在庫の管理もストレスになりません。

LIFESTYLE HABITS / 15

お疲れの日は、無理しない。

家事は毎日続くから、
たまにはそんな日があっていい。

疲れている日は無理しないのが、家をキレイに長くキープするコツ。「あれもしなきゃ」、「ここも片づけなきゃ」と常に追われているような気持ちだと、片づけること自体がハードルになってしまいます。そんなときは、「自分がリラックスすること」を最優先に。洗っていない食器を見ないふりして、勇気を出して「今日は休んでもOK！」と決めてしまいましょう。

フルタイムで働いていると、子どもたちの夜ご飯を用意するだけで精一杯の日もあります。そんな日に限って、子どもに強く当たってしまったり、結果的に、二度手間が多くなったりと、「自分で新しいトラブルを招いている⁉」と、はたと気が付きました。

自分は今日休むぞ、と決めると、気持ちまでもラクにさせます。

翌日、元気に起きられるほうが、身体も動くし、活力にも満ちているに決まっています。結果的に短時間で片づけがはかどり、家族も笑顔に。だから、〝無理しない〟が私のモットーです。

私のリフレッシュグッズはこちら！

香りの効果でリラックス。無印良品のお香がお気に入りです。ほどよい時間で終わる短めサイズなので、ちょっとしたスキマ時間で気軽に癒しタイムを楽しんでいます

お疲れの夜は、「あたためるだけ」の簡単ご飯

フルタイムで働いていると、仕事だけで目が回りそうな日も多々あります。そんなときは、自分をいたわるために料理時間と労力を短縮。夫とも話し合っているので、疲れているときは夫にお願いする日も

LIFESTYLE HABITS／16

家が整うと、暮らしも整う。

時短になる収納で、毎日を機嫌よく過ごす。

以前は、家事や仕事、子育てと、時間に追われるように、あっと言う間に1日が過ぎていきました。あれもこれもやらなきゃ、と思っているうちに、「もう夕方！」と驚く日も少なくありません。

忙しさのピークは、第一子が産まれたとき。今でこそ、家事を半分くらいしてくれる夫ですが、当時はほとんどの家事を自分ひとりでやっていました。加えて、はじめての育児、フルタイムでの仕事復帰と、やることに追われて目が回りそうでした。毎日すごく忙しいのに、家事も仕事も中途半端に思えて、夜中に家を飛び出し、夜の公園でひとり泣いたこともあります。

そんなとき、「なんとか日々をうまく回したい」と思って、辿り着いた方法が、片づけと収納でした。

しまう場所や、配置を少し変えるだけで、

学校のことや好きなゲームのこと、子どもの話を夫婦一緒に聞くゆとり時間。今度の週末は「庭でアウトドアご飯をしよう!」なんて話題もよく出ます

自分がどんどんラクになることに、驚きました。そして住まいが整うと、いろいろなことがうまく回り始めたのです。

家事がラクになる仕組みを一度作ってしまえば、毎日の家事がスムーズになるだけでなく、夫にも協力をお願いしやすくなりました。自主的に子ども達も家事を手伝ってくれるようになり、今では、心強い味方になっています。

何より、大切な家族との時間を、毎日ゆとりをもって過ごせるようになりました。以前は、「忙しいから、あとでね」と言うばかりでしたが、家がキレイになったことで、子ども達ともやっと向き合えるようになったと思います。

家事の手間は、なるべく最小限に。その分、子どもや夫と向き合う時間を作ったことで、ますます心地よく暮らせる住まいが実現できたように思います。

PART 2

LIFESTYLE HABITS

忙しくても キレイが続く、 収納のコツ。

いつも心地よい部屋を保つ秘訣は、
キレイが続く、収納の仕組みをつくってしまうこと。
一度つくってしまえば、
それからは時間がなくても、
すぐに簡単に片づくようになります。
少しずつ、ちょっとした工夫から取り入れてみて。

部屋別に、
日々をラクにする
収納術を教えます！

Kitchen

キッチンリセット、大公開！キレイをキープするための、毎日の片づけのコツ。

平日の帰宅後は、時間との戦い。子ども達を寝かし付けるまでは、お風呂に遊びにと子ども達に手が取られ、そのあとは夫のご飯の準備。だから、ダイニングとキッチン廻りの掃除や片づけは、1日の終わりに行っています。夫がご飯を食べ終わるくらいが、キッチンリセットの開始時間です。

洗いものや片づけだけでなく、リセット時にはサクッと掃除もしてしまうのがポイント。面倒なことが苦手なので、最小限の労力でできて、かつ、美しさをキープするのに効果的なポイントだけを、

自分なりに厳選しました。
だから、夜の遅い時間からはじめても、洗い物プラスアルファという意識でできて、疲れません。毎日の小さな工夫で、簡単にいつもキレイを保っていられるので、ぜひやってみてほしい家事のひとつです。
1日の家事の締めくくりとしてキッチンリセットをするようになってから、片づけ終わりには、「今日もお疲れ様でした」と心の中で自分にささやく——。それが、小さな満足感にもつながっています。

わが家のリセット方法を、順を追ってご紹介します

1日の終わりに洗いものをするタイミングで、キッチン廻りの掃除もルーティン化しています。わが家では、これを「キッチンリセット」と呼んでいます。

毎日使うキッチンがキレイに保て、日々の掃除や片づけだけでなく、気持ちまでラクになりました。

このページからは、キッチンリセットの方法をざっくりと、①洗いもの、②掃除、③片づけの3ステップに分けてご紹介します。

キッチンリセットの必需品は、サンサンスポンジ。洗いものだけでなく、シンクや蛇口の掃除などにも使えるスグレモノです。水切れもよく、へたらず、しかも安価なので、わが家のスポンジはほとんどこの1種類です。

また、排水口とＩＨコンロの油汚れは蓄積されると厄介なので、キッチンリセットでなるべく毎日、掃除するようにしています。面倒くさがりなので、掃除しやすくなるよう、シンクや天板の上のモノは極力なくすように心がけています。

ここからスタート！

リセット流れ

① 洗いもの → ② 掃除 → ③ 片づけ

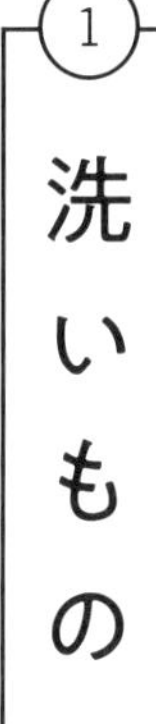

1 洗いもの

水筒は、無印良品の柄つきスポンジの柄の部分で、サンサンスポンジを挟んで洗います。いくつもスポンジを持たなくてよいのも省スペースでうれしいです

固くこびりついたご飯粒などは軽く手洗いし、細かいものから順に洗います。小皿、大皿、最後に汚れ落としが大変な鍋を。共働きのわが家では、食洗機も併用しています

今日、学校であったことなどを聞きながら洗います

油汚れは、100均で買ったメラミンスポンジで、先に汚れを落としてから食洗機へ。研磨素材入りだから、優しくこすります

木製食器や調理器具は、手洗いしキッチン横で水切り。わが家に水切りカゴはなく、フキンの上で乾かします。その後、水気を拭き取ります

掃除

使っていた排水口ネットを捨て、新しいネットで排水口を洗ってから装着。その後、排水口全体にキッチン泡ハイターをかけて、2分間放置します。水を流して完了です

ペーパータオルで拭けば捨てられて衛生的！

IHコンロの焦げ付きは、ジフとくしゃくしゃ丸めたラップで対処。ラップがスポンジのような役割をし、細かい汚れもキレイに

③ 片づけ

椅子も水拭きする
からいつでも清潔!

テーブル下の食べこぼしは、掃除機で吸い取ります。みんなが座る椅子の拭き掃除は、捨てられるウェットティッシュがちょうどいい

ダイニングテーブルは、パストリーゼを吹きかけて拭くことで、除菌効果も。食べこぼしもすぐキレイになります。夫にも拭いてもらいやすいように、あえて大きめのフキンにしました

洗い終わった食器は、棚の定位置に戻します。忙しい朝にモノが散らばっていると、余計な時間と労力を奪われるので、「何も置かない」をキッチン台でも徹底

キッチン前面は、機能的に。

料理と片づけがはかどる、機能的なキッチンの収納を紹介します。キッチン前面のシンク下には、厳選した必要なモノを効率よく配置し、引き出しに収めています。この収納スタイルになるまで、モノを出したり入れたりしながら、試行錯誤を繰り返しました。

ⓐ シンク下には調理中に使うモノ

調理中の濡れた手で開けることが多いため、引き出しを引いたらすぐに取り出せるように収納。包丁やまな板、ジップロック、ラップ、タオル、ゴミ袋、掃除用品など

ⓑ IHの下はコンロで使うモノ

出し入れのアクション数を減らすため、山崎実業の「タワー」シリーズの伸縮する鍋蓋＆フライパンスタンドを使って、調理器具やボウルを縦置き。油や醤油もここに

重ねて
収納できる
貝印のステンレス
ボウルと
ザルのセット

d グリルの左は ダシや調味料入れに

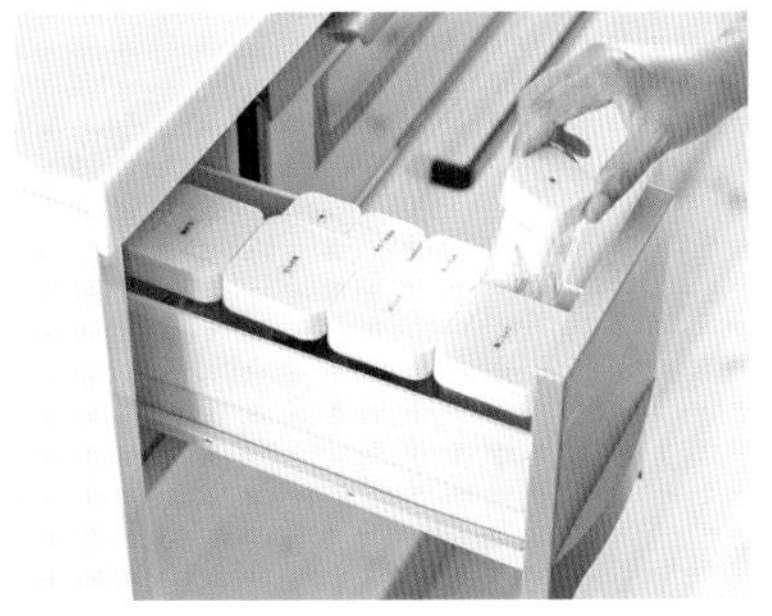

火元から離れずに、塩胡椒やダシをサッと取り出して戻すのに最適な場所。山崎実業のスパイスボトルは、大小とも四角いフォルムで、デッドスペースを作りません

c グリルの右横は 調理に必要な小物類

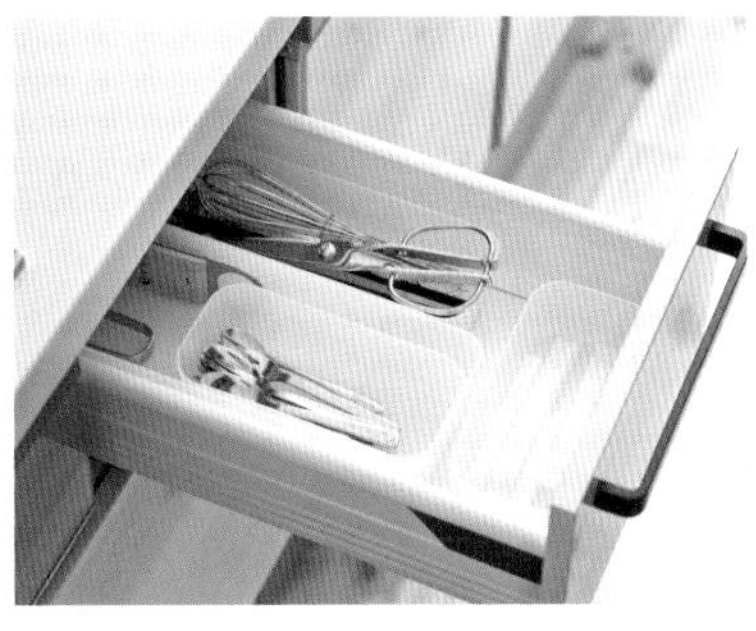

調理バサミや菜箸、泡立て器などの調理に必要な小物類の収納場所。ちょうど腰あたりのため、調理中に動かなくても取り出せるので、料理時間を短くできます

e 頻度の低いモノは浅めの引き出しへ

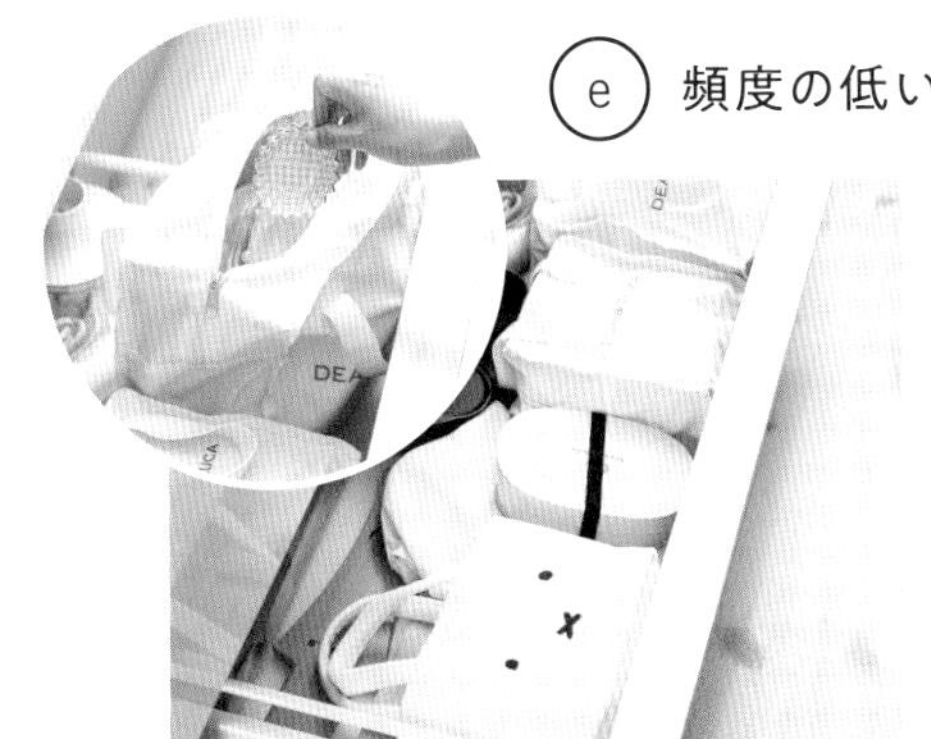

Hコンロ下には、たまに使うお弁当箱やお弁当カップ、白い布バッグにまとめたお菓子作り用品を入れています。しゃがんで取り出すため、ここは使用頻度が低いものが基本

シンク下には、あまり使わないホットプレートなどを。以前は箱に入れて収納していましたが、本体と付属品だけの方が使いやすいことに気づいて、そのまま収めることにしました

キッチン背面は、飾って楽しく。

キッチン背面は、〝楽しく料理する〟ための仕掛けが満載。食器類を少ないアクションで出し入れできるようにセッティングしました。飾り棚はわたしのお気に入りの場所。機能性よりも見た目の美しさを重視し、コーヒーカップなどを可愛く見せる収納として飾っています。

無印の木製キャビネットを食器棚として使用。最上段に引き出しがあるので、出し入れ回数の多いマグカップや、細かい食器の小鉢入れに

最下段は取り出しにくいので、無印のポリプロピレンファイルボックスで引き出し収納風に。重ねないといけない食器は、できるだけ数を抑えています

キッチンで使う道具や備品の機能的な配置は、時短に効果大。キッチン前面は機能性を重視して収納し、リビングから目に入るキッチン背面はお気に入りの道具を飾って、料理を楽しく

省スペースな調理器具たち。

水切りカゴは持たずにフキンで

省スペースなキッチン用品は、片づくキッチンの立役者です。コンパクトにまとまり、収納場所も大きく必要ありません。まずは、水切りカゴの代わりにフキンを捨てて、代わりにフキンを使いはじめました。使い終わったら毎日洗濯できるので、いつも清潔で快適です。

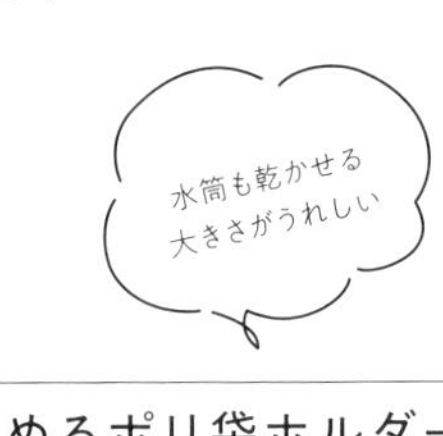

折り畳めるポリ袋ホルダー

洗った水筒は、敷いたフキンに乗せておくだけだと乾きにくい。この悩みを山崎実業のポリ袋エコホルダーで解決。コップスタンドとしても秀逸でした

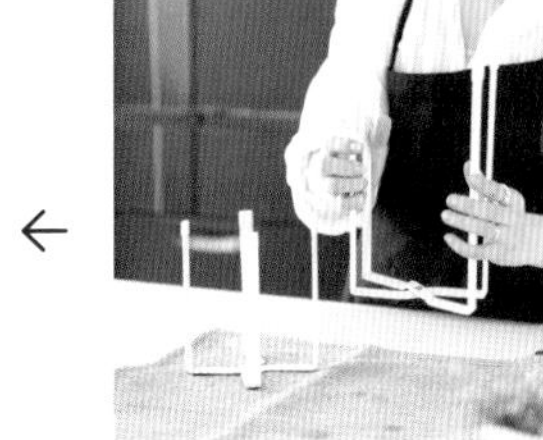

大きいサイズも小さいサイズも、サッと折りたためるのがポイント。ポリ袋を四隅にひっかけて、即席のゴミ箱として使用できます

←

コンパクトに折り畳めるので、収納スペースも少なくてOK。立てて収納することで、濡れた手でも、サッと引き出せます

さまざまなサイズの鍋やフライパンを囲むことができ、調理に必要な手前だけ開きます。油ハネは鍋の周りだけ。だから、掃除も簡単です

←

使用後は水ぶきで油汚れを取り、パストリーゼをかけてキッチンペーパーで拭きます。畳むと薄さ1cmほど。隙間に立てて収納できます

買ってよかった
ナンバー1

折り畳める油ハネガード

板が4枚繋がったレンジガードで、最小スペースで油ハネを抑えられます。家の中心にあるキッチンですが、レンジを囲む板がないので、わが家には必須＆超便利アイテムでした

Pantry

ストック類はひとまとめ。

ストック類は、キッチンにある扉付きの収納の中にまとめています。同じボックスで統一することで、空間にデッドスペースを作りません。さらに、見た目もキレイ。ラベリングしているので、中身もすぐに分かります。下段の中央は子どものお菓子のストックです。

かさばるお茶漬けなどの小袋は、無印のEVAケースに移し替えて省スペースに。透明なので、家族にも何が入っているか伝わりやすく、残量も一目瞭然

食品ストックはすべて、無印のポリプロピレンファイルボックスに収納。来客時に扉を開いても、美しく整って見えるので安心です

よく使う調味料やコーヒーやボックスに入りきらないモノ、背の高いモノ、重いモノなどは、お掃除しやすいキャスター付きのワゴンへ

片づく人のクローゼット。

Closet

さくっと片づく、基本の収納術を解説します。まず、ハンガーを人やボトムス用で分けること。取り出しやすく、ひと目でどこに何があるかがわかる収納になります。次に、ハンガーの本数を決め、ひとつ買ったら、ひとつ手放すこと。服はハンガーの数だけと決めれば、増えていくのを防止できます。

ハンガーでひと工夫。

ズボン　　夫　　わたし

トップスもズボンもMAWA社のマワハンガーを愛用。かさばらないスッキリとしたデザインだから、服と服の感覚を保ちやすく、風通しもよいです。夫は専用ハンガーで視覚的にもわかりやすく。わたしはトップス15本、ズボンとスカートは5本ずつ、夫もハンガー5本と決めて、好きな服をかけています。

引き出しの中も整理整頓。無印の高さが変えられる不織布仕切ケースを活用し、ごちゃっとなりやすい下着や靴下、Tシャツやニットの定位置を決めます

IKEAのスクッブに、あまり使わない旅行用バッグを収めて、クローゼット上部に。バッグにホコリがかぶらないうえ、美しく整頓できるのでオススメ

わたしの洋服選び、5つのルール。

「クローゼットはぱんぱんなのに、今日着る服がない！」というあなたへ。新しく買い足すのではなく、洋服を厳選すれば、おしゃれが楽しくなります。コツは、用途が似たモノをひとつにし、お気に入りをひとつに絞る。ここでは、わたしの洋服選びのルールを紹介します。

Rule ①
お気に入りを長く持つ

少ない服を着まわす代わりに、「すべてを1軍にする」という気持ちで、本当に好きな服だけを残すのがルール。なるべく、自分が「微妙だな」と思う服は手元に残しません。お気に入りの洋服なら、自然と、「手入れをしながら大切に着よう」という気持ちも高まります。また革製品など、汚れや経年感が味になるものを選ぶと長く愛用できます。

写真は、6年もののドクターマーチン。特に買い替えの少ない靴や鞄は、1万円以上の「ちょっといい」モノを買って、手入れしながら大事に履いています

Rule②
手入れのしやすい素材を選ぶ

買うときには、必ず洗濯機にかけて大丈夫なものを選んでいます。いくら気に入っていても、手入れが面倒な服はなかなか着ないもの。時短のためにアイロンはほとんどかけないので、シワになりにくい素材や、丈夫な綿の素材、乾きやすいスポーツ・アウトドア用の素材は、日常使いの頼もしい味方です。天然素材なら麻のワンピースなど、ある程度シワが風合いとしてキレイに見える洋服を選びます

Rule③
普段着にも、仕事着にもなる服を選ぶ

着用シーンを選ばない、素材感がキレイなものを選びます。特に襟つきの洋服は、きちんと感が出るので重宝します。わたしのクローゼットでは、休日と仕事着を兼用できる洋服が7割くらい。家事をしたり、子どもと遊んだりしても、ウェストがゆったりしていてリラックスできることを目安にしています。色は紺、黒、白など合わせやすい色にして、シンプルなデザインの洋服なら着回しも効きます

Rule④
「部屋着にしそう」な服は買わない

よい部屋着やパジャマは、専用のモノを持ち、「いつもは着ないけど、部屋着にすればいいか」と思う服は、潔く捨てるようにしています。ラフなトレーナーやTシャツ類は、まだキレイだと「ちょっと近所に出かけるときに……」と後ろ髪をひかれますが、基本的には季節ごとに1セットあれば十分です。リラックス時の衣類は、必ず肌触りのよい綿のものを選び、家の中で着用するものは専用にしています

Rule⑤
小物で雰囲気を変える

小物でがらりとコーディネートの雰囲気は変わります。特に顔まわりが目に入るので、手軽に変化を出せるイヤリングが気に入っています。外出先でサッと付けたり、子どもと遊ぶときにしまったりできるよう、普段はバッグにアクセサリーケースを忍ばせています。持っているイヤリングは3つだけですが、カジュアルやエレガントなど、気分にあわせて変化を付けられるよう、違うタイプを選びました

少ない服で賢く着まわす1週間コーディネート。

基本的に、どのトップスに、どのボトムスを組み合わせてもよいような服を選んでいます。色は、大好きな白系・紺・黒・ベージュで統一。反対に、スカートやジャケットなどのオーソドックスなアイテムは、形で遊ぶと取り入れやすく、着回ししやすいです。ここではオフィスカジュアルにも使える、1週間のコーディネートを公開します。

DAY1

ユニクロの黒い襟付きシャツにジーンズ。シャツは洗濯してもシワがつきにくく、お手入れしやすい素材。仕事で動く作業が多い日は、ラクさ重視でジーパンに

Ⓐ+Ⓑ

このコーデには、白シャツを合わせても◎! 基本はどれに何を合わせてもOK

DAY2

変形デザインのスカートⒹをメインにしたワントーンコーデ。ユニクロのジャケットは柔らかくて着やすい素材なのに、かっちり感が出てうれしい

Ⓐ+Ⓒ+Ⓓ

Ⓔ+Ⓑ

DAY3

ノーカラーのブラウスは、バルーン袖なので着るだけで華やかな印象に。ブラウスは仕事にも休日にも着やすく、年中着られるので、1着あると便利です

DAY4

肌寒い日用の羽織りものがあれば、春夏服も長く着られて重宝。無地の服が多いので、チェック柄スカートがアクセント。中厚手なら1年を通して履けます

F + C + G

H

DAY5

気分を変えたい日は、ワンピースを着用。上と下を選ぶ必要がなくて、ラクな1枚です。胸元の切り替えとプリーツが華やかなので、女友達と会う日にも◎

DAY6

ノーカラーシャツはラクなのにきちんと見えて、仕事にも休日にも活躍。DAY4のジャケットを脱いだコーデですが、ガーリーな雰囲気なので、主に休日コーデに

F + G

I + D

DAY7

白と黒でメリハリをつけました。スカートは半分が巻き、半分がプリーツの珍しいデザインが目に留まり、迷わず購入。毛玉になりにくいニットもお気に入り

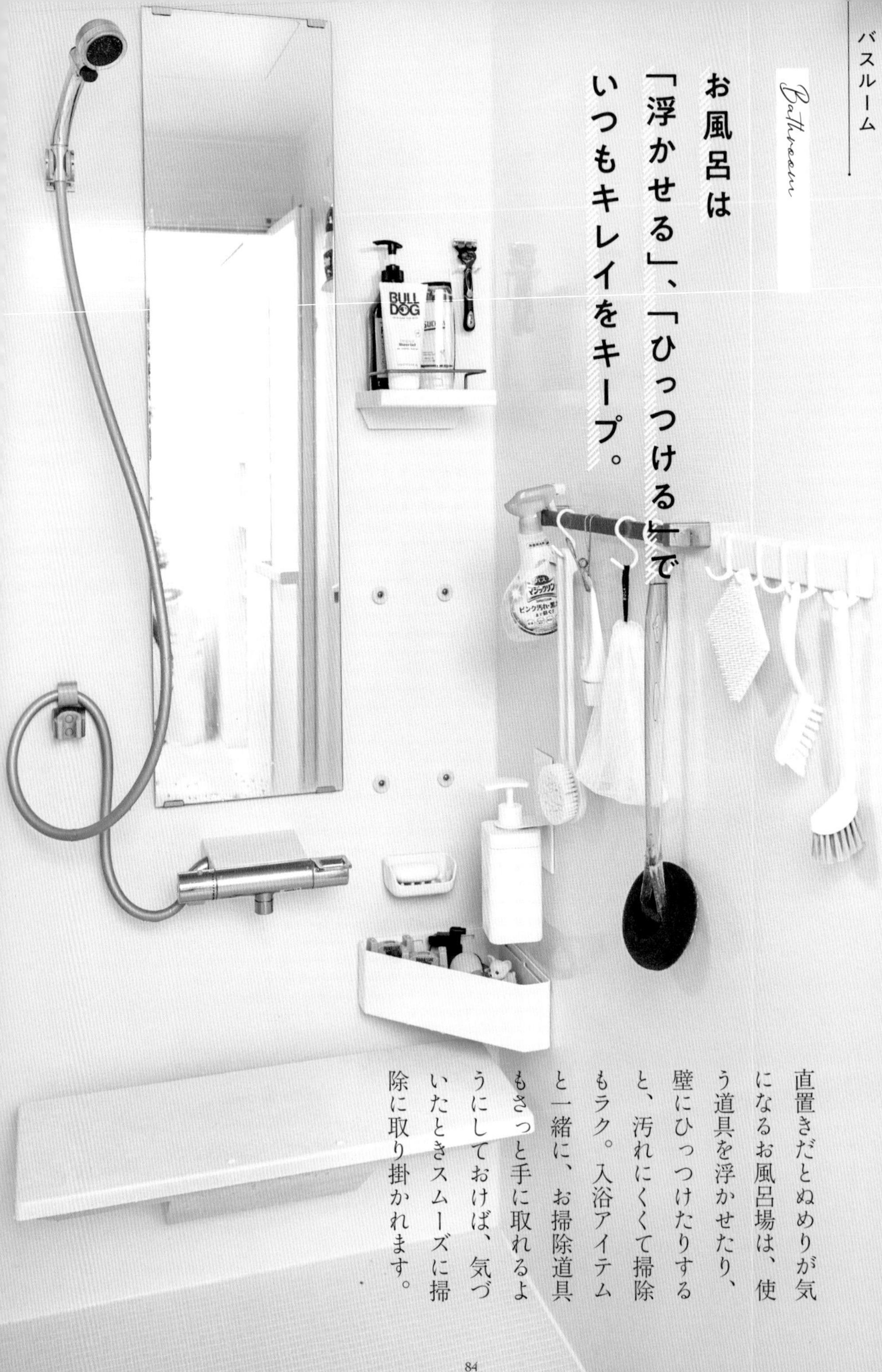

Bathroom

お風呂は「浮かせる」、「ひっつける」でいつもキレイをキープ。

直置きだとぬめりが気になるお風呂場は、使う道具を浮かせたり、壁にひっつけたりすると、汚れにくくて掃除もラク。入浴アイテムと一緒に、お掃除道具もさっと手に取れるようにしておけば、気づいたときスムーズに掃除に取り掛かれます。

わが家のお風呂場、必須アイテムを大公開！

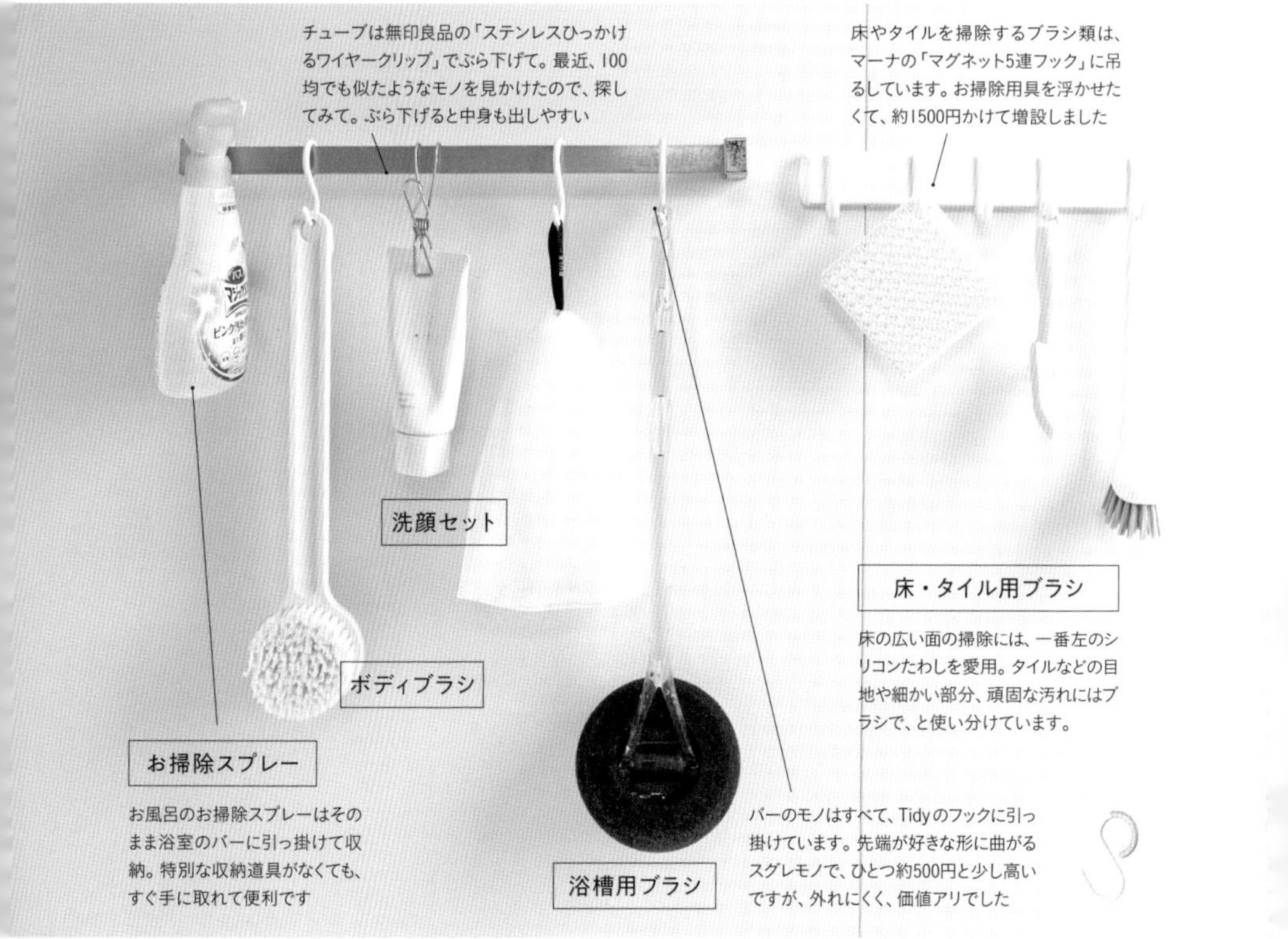

チューブは無印良品の「ステンレスひっかけるワイヤークリップ」でぶら下げて。最近、100均でも似たようなモノを見かけたので、探してみて。ぶら下げると中身も出しやすい

床やタイルを掃除するブラシ類は、マーナの「マグネット5連フック」に吊るしています。お掃除用具を浮かせたくて、約1500円かけて増設しました

洗顔セット

床・タイル用ブラシ

床の広い面の掃除には、一番左のシリコンたわしを愛用。タイルなどの目地や細かい部分、頑固な汚れにはブラシで、と使い分けています。

ボディブラシ

お掃除スプレー

お風呂のお掃除スプレーはそのまま浴室のバーに引っ掛けて収納。特別な収納道具がなくても、すぐ手に取れて便利です

浴槽用ブラシ

バーのモノはすべて、Tidyのフックに引っ掛けています。先端が好きな形に曲がるスグレモノで、ひとつ約500円と少し高いですが、外れにくく、価値アリでした

毎日使う洗顔道具や、気になったときにさっと使いたい掃除道具は、壁に掛けて収納するのが◎。目線の位置にあるバーを利用すれば、すぐ手に取れて、入浴も掃除もスムーズに

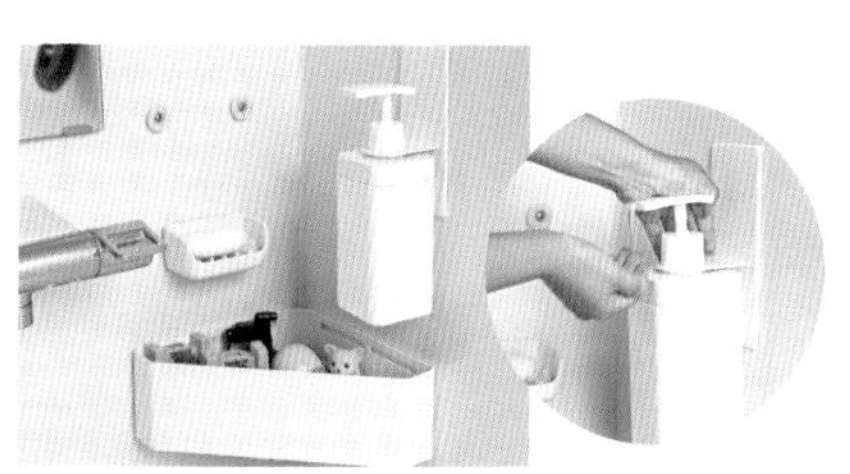

お風呂場の角っこには山崎実業の「マグネットバスルームコーナーおもちゃラック」で、子どものお風呂用おもちゃやボトル類を収納しています

シャンプー等のボトル類もマグネットでひっつければ浮く収納に

シャンプーやリンスなどのボトル類はどうしても直置きしていたのですが、強力マグネットで浮かせたら、掃除が劇的にラクになりました。マグネットの製品は出すときズリ落ちてきてしまうものが多いのですが、山崎実業の「マグネットバスルームディスペンサーホルダー」なら磁力が強力なので、そのままプッシュできてとても使いやすいです

いつも清潔な洗面所。

洗面所や水廻りの収納は、通気性のよいラタンで統一。手洗い場としてお客さんも使う場所なので、気に入ったモノを選びました。高さを自由設定できる可動式の棚だから、カゴと棚板の空間をできるだけ少なくして、引き出しのようにして使っています。

下段

歯ブラシ、石鹸などのストック入れ。100均などで買った仕切りボックスで、見やすいように仕分けしました

中段

カゴを引いたり押したりしやすい位置なので、毎日取り替える家中の手拭きタオルと、大人のハンカチを収納

上段

中は、夫の洗面用品のストックです。アクセスしにくい場所ですが、背の高い夫は手が届くので問題なし

清潔をキープするコツは、毎日の流れでさっと手に取れる収納に。

洗濯機の横にワイパーをマグネットで設置。お風呂上がりに床、壁、洗濯機横を、コレでササッと掃除します。水気もゴミも拭き取れるのがうれしい

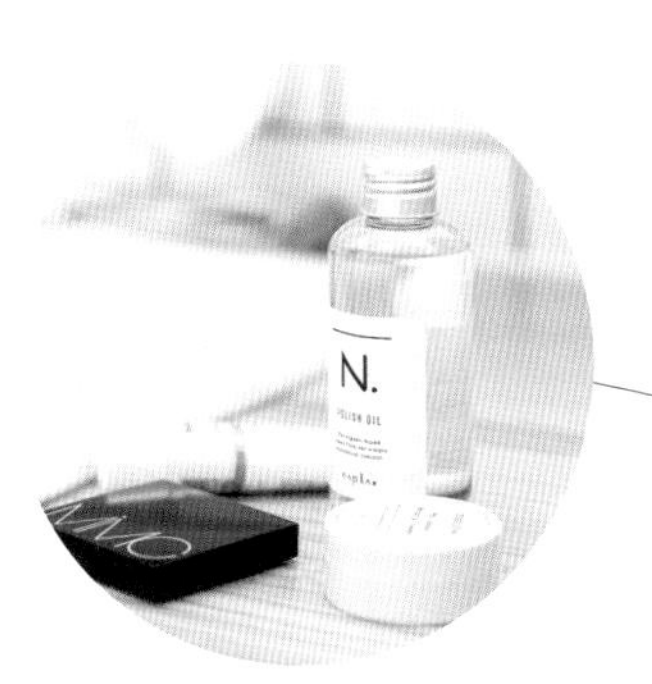

洗面台はわたしのドレッサー。鏡の裏にある収納に、メイク用品を入れています。使い切ってから買うので、余計なストックは置いていません

共有のモノは一目瞭然がルール。

家族で共有するモノは、ラベリングして「どこに」、「何が」あるかか一目瞭然になるようにしています。気を付けているのは「場所」と「位置」。家族みんなが手に取りやすい場所と、子どもも手に取れる腰の高さの位置に収納しています。子ども自身で必要なモノを取って片づけるので、「あれどこ？」と尋ねられることが減りました。

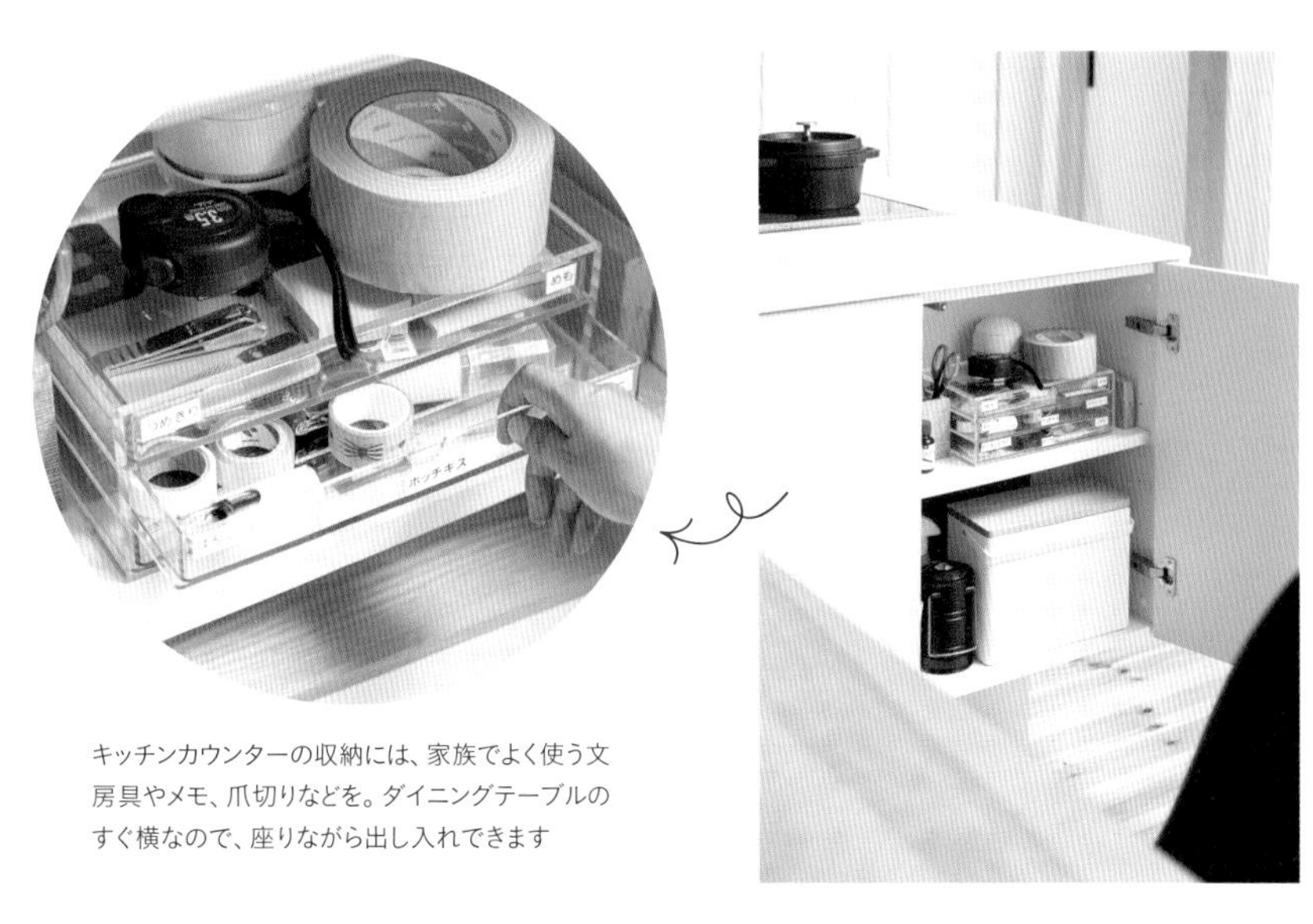

キッチンカウンターの収納には、家族でよく使う文房具やメモ、爪切りなどを。ダイニングテーブルのすぐ横なので、座りながら出し入れできます

ラベリングで共有、手に取りやすい位置に。

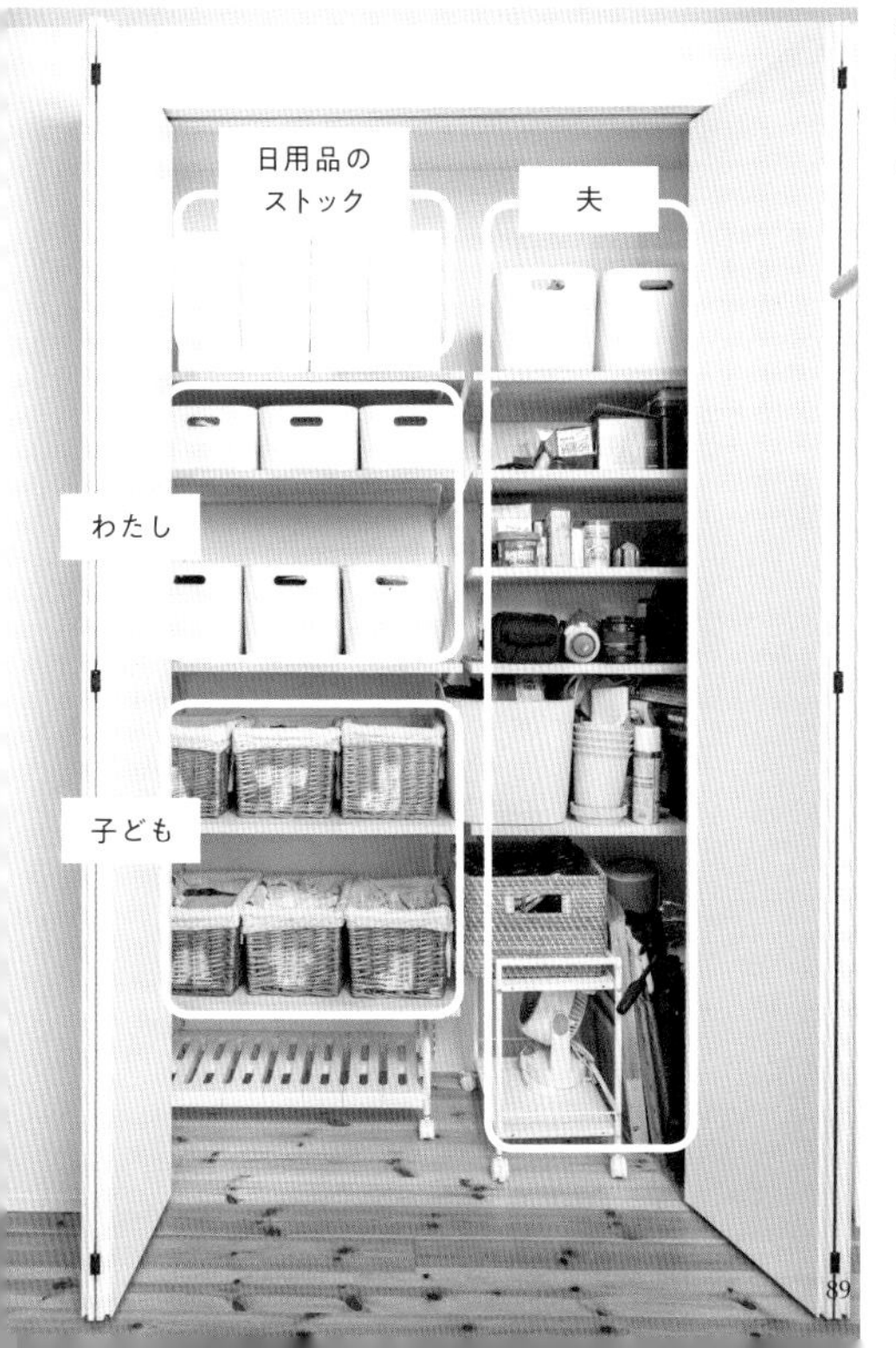

ダイニングの横にあるサブリビングの扉収納には、右側が夫のモノ、白いボックスはわたしのモノと日用品のストック、藤のカゴは子ども達のモノと分けています

わかりやすいから、
自分で
取り出せるよ！

家族のモノは、それぞれ専用の収納を。そうすれば、散らかっても気にならない。

家族各々のモノは、よく使う場所に専用ボックスやスペースを設けて収納。共有スペースであるリビングなどと違い、「ここは夫」、「子ども達はここへ」と収納場所を決めれば、その中は好きにしてよし！　散らかっても気になりません。本人たちも自由に管理できて、満足度も高いです。

わたし―ダイニング

ダイニングテーブルがわたしの仕事スペース。すぐ横にある収納に、ペンなどの仕事備品をはじめ、お香、リップやハンドクリームなど身だしなみの備品もいくつか入れてあります

子―リビング

小さいうちは、準備や片づけを親が見守れるように、リビングに学校用品を収納するスペースを設けています。自分で管理するので責任感も高まっています

夫―土間収納

土間収納の一角が夫の趣味のモノ置き場。水槽や観葉植物の肥料など、家の中に置くのはちょっと……というモノもここに。広々と使用できて気に入っているようです

Children's room

キャラクターものなどで生活感が出やすい子ども部屋は、見せる・隠すのメリハリをつけて。カラフルなおもちゃやパッケージが気になる生活用品は、隠す収納へ。取っ手付きの収納を選べば、おもちゃごとリビングへもすぐに持ち運べて便利です。インテリアはナチュラルなイメージにこだわりました。

子ども部屋は「見せる」、「隠す」でメリハリを。

お気に入りの服は、すぐに取り出せるハンガーラックに。保育園や図書館みたいにオープンラックを使用すれば、パッと見て好きなおもちゃを選べて、片づけるのも簡単です

「見せる／隠す」のメリハリをつけて。
カラフルなおもちゃや、生活用品は隠す。
物語のような絵本や、お気に入りの洋服は飾って。

カラフルなモノは隠すのが鉄則なので、おもちゃを出し入れするのが楽しくなるような収納を選びました。おもちゃは1個買ったら、1個手放すルールで増やさないように

お下がりは取りやすい収納で、どんどん着る。

子どもの目と手の届く範囲にモノを置き、自分で管理してもらっています。少し大きくなってきたら、今はリビングにある身支度グッズや勉強道具もココへ移動する予定。成長するにつれ、どんどんモノが増えるので、子どもと一緒に「モノはこの中に入るだけにしよう」と決めています。

おもちゃは、隠す収納に。引き出しならば、取り出しやすい。

IKEAのトロファストや無印のポリプロピレン収納ケースで、おもちゃを隠して収納。取り出しやすいうえに、「ここに入る分しか残さないように」も伝わりやすい大きさ

いただきものやお下がりは、「ここに納まる分だけ」と決めて。

ハンガーに取り付けられる吊り下げ収納に、帽子やめがねなどファッション小物を。無印のアルミハンガー・ネクタイ／スカーフ用は丈夫なので、多少は重くてもOKです

親戚などからいただいたお下がりや、シーズンオフの服を収めておくのは、無印のポリプロピレン収納ケース。普段はあまり開けないので、ゆとりを持って収納しています

Beaten floor

夫の城は、土間収納。

a

b

c

夫の収納スペースも兼ねた土間は、趣味の植物や熱帯魚グッズが置かれています。棚が多い土間収納は、背の高い夫だから使いこなせる収納場所です。重い防災関連のグッズも、夫が管理してくれています。広いスペースですが、土間は通り道でもあるので、モノを増やさないよう気をつけているよう。キャンプ用品や自転車など、土汚れが気になるモノもここが定位置。庭の物置では湿気でカビやすいので、家の中に置くようにしています。

趣味の道具は、ここに納まる分だけと決めて。管理や手入れも、お任せあれ。

背の高い夫だから使いこなせる土間収納

直置きしていた夫の趣味のモノを一堂に箱に入れてラベリング。夫なら背の高い場所も取れるので、「取り出しやすく機能的になった」と喜んでくれました

ロードバイクや脚立がかかる場所はDIYです。壁面に傷をつけずに、空中収納ができる。突っ張り棒のような木材「ディアウォール」を使用し、フックを取り付けています。土間がグンとオシャレに

a

上段には、流木などの水槽関係、植物の虫除け薬品や鉢の受け皿、子どもの外遊び道具まで、幅広いカテゴリーをボックスごとに収納

b

右の上段は使う頻度が少ない芝の肥料やハンディ芝刈り機。下駄箱は見える収納にして、革靴などはいつも風通しよく保管

c

いざという時にすぐに取り出せるように、防災用品は重いので土間に直置き。定期的に行う個数や賞味期限の確認もしやすい

COLUMN

わが家の簡単ラベリング。

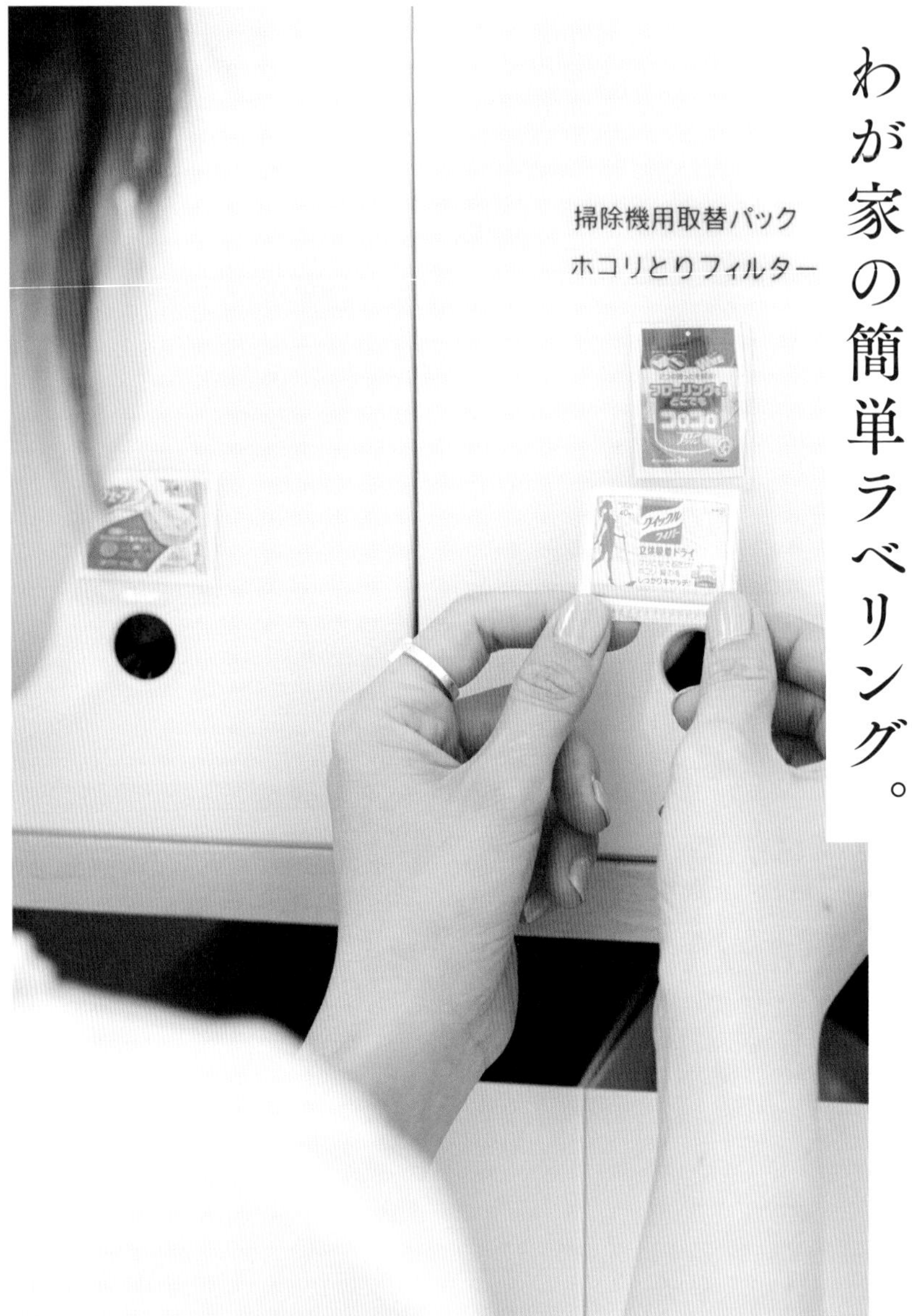

中身の見えない収納は、ラベリングすると中身がひと目でわかって便利です。でも、「ラベルシールを作るのが面倒!」、「シールを作る道具がない」という人のために、ここでは、家にあるモノだけで簡単にできる、ラベルシールの作り方をご紹介します。使うのは、クリアファイルと両面テープだけ。好きな内容をプリントアウトすれば、たった5分でわかりやすく、キレイなラベルが完成します。

＼ 家にあるモノだけでできる！ ／

特別な道具を使わない、手軽なラベリングシートの作り方。

1 ラベリングする紙を切る

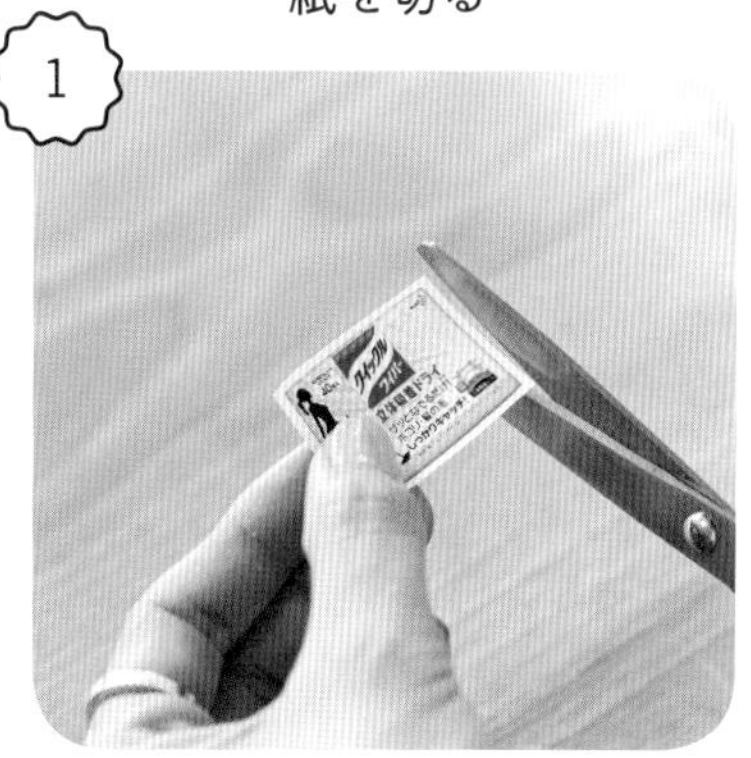

中身がわかる好きな画像をプリントして、ハサミでカット。文字を読めない子どもでもわかるように、テプラの文字ラベルだけでなく、画像も利用しています

2 紙にあわせてクリアファイルを切る

切った紙の大きさを、クリアファイルにペンで下書きし、それを目安に切ります。クリアファイルは、横や下の閉じられている部分を使うと簡単です

3 切った紙をクリアファイルに挟む

商品画像の紙と、そのサイズで切ったクリアファイルを合体させて、ラミネート加工に。ラミネート機器がなくても、こうすれば仕上がりがキレイ

4 両面テープを貼れば完成！

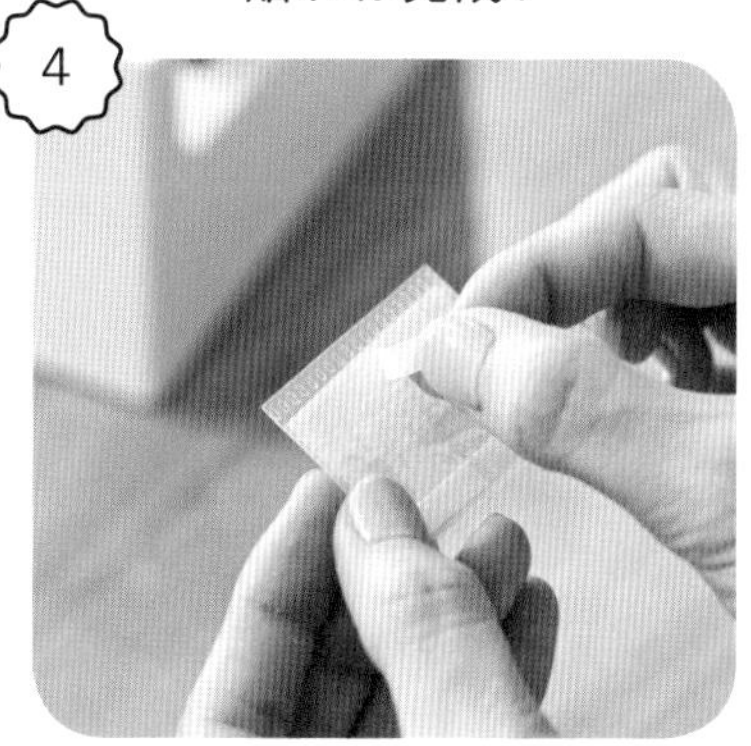

クリアファイルに挟んだ紙とファイルを両面テープで張り合わせれば、ラベルの出来上がり！ ラベルの裏面にも両面テープを貼って、ボックスに貼り付けます

PART 3

LIFESTYLE HABITS

さくっと時短、家事のアイディア。

フルタイムで働きながら考えた、
効率よく家事を回す工夫をお伝えします。
家事を時短で終わらせることは、
時間の余裕だけでなく、心のゆとりにも直結します。
たまには手を抜いたって、大丈夫。
一番は、家族が笑顔になることだと、わたしは信じています。

「毎日、10分の小掃除」で大変な掃除の手間を激減。

シンク

なるべく疲れていても、「シンクだけは!」と決めて、夕食後にさっと掃除。私の場合、家事の要となる台所は、"そこだけでもキレイ"だと気持ちも落ち着きます。自分の「ここだけは!」という場所を決めてみて

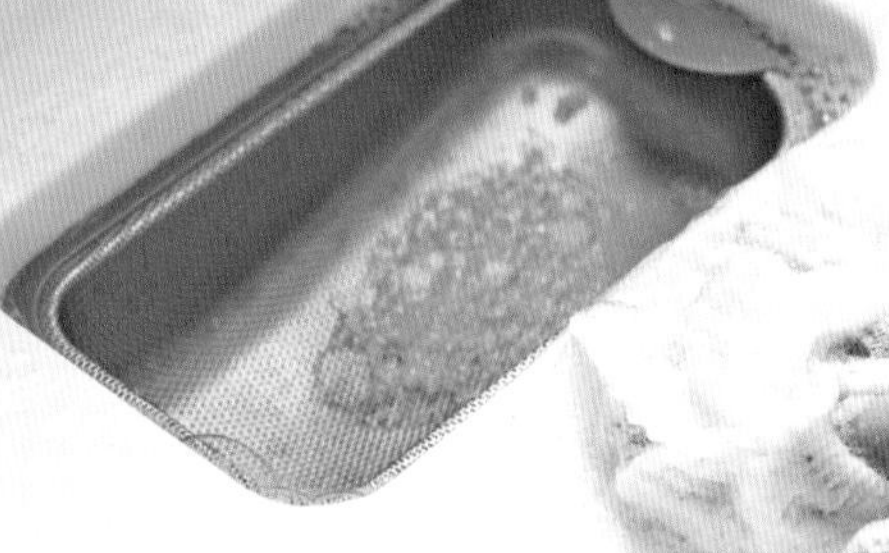

LIFESTYLE HABITS ／17 掃除

簡単リセットで大掃除要らず。

トイレ

ウェットティッシュをセットしておいて、気になったタイミングでサッとひと拭き。汚れが溜まると憂鬱な水廻りは、手軽に掃除してハードルを下げて

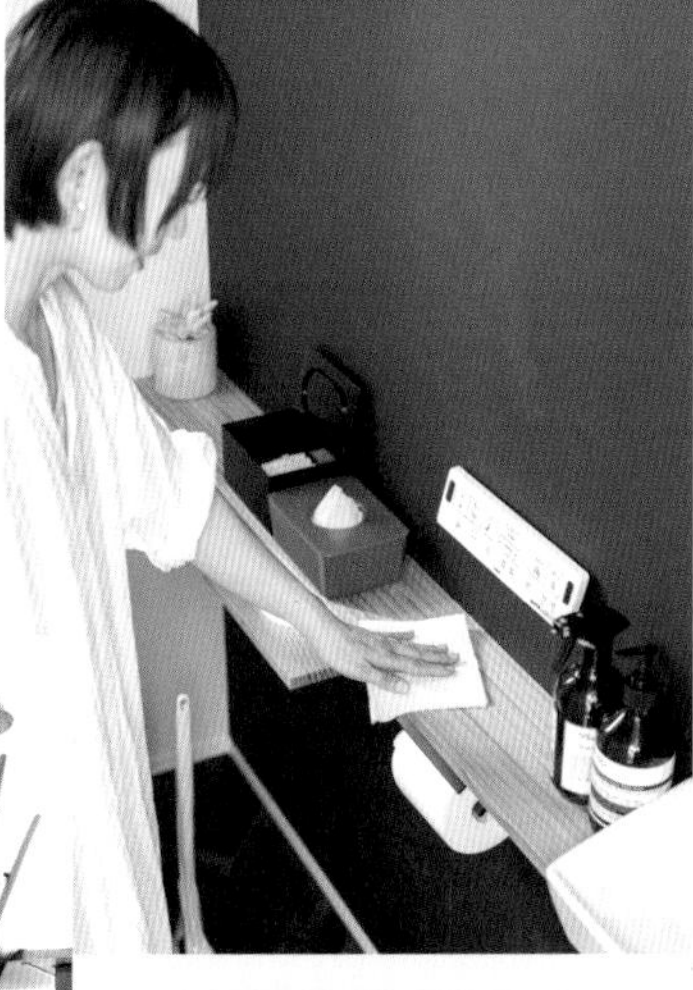

家電

洗濯前のタオル類で洗濯機を軽く拭いたら、そのまま洗濯へ！　気付いたら汚れている家電は、週1など期間を決めて掃除するのが◎

リビング

仕事の前にさくっとリビング掃除。夜は疲れているので、朝イチで掃除すると気持ちよく1日をはじめられます。お掃除ロボットなら、仕事前にスイッチオンすれば、帰宅時にはキレイに

毎日、気付いたときに10分だけ掃除。少しずつの掃除が、汚れがたまらない秘訣です。だから、わが家には年末の大掃除はありません。

一気に家の中をあちこちを掃除するのは、考えただけでも気分が滅入りますが、毎日の習慣として掃除をすると気持ちがラクです。

例えば、トイレなら入ったときに、リビングなら出かける前に、1箇所だけ掃除。たくさん掃除する必要はありません。毎日1カ所、10分だけなど決めて、1週間で場所を変えれば、あまり負担なく家中がいつもキレイになります。

また、「ここだけ毎日キレイにする！」と決めて取り組むのも効果的です。私は、シンクをいつもキレイにしておきたいので、ここだけは欠かさず掃除しています。無理なく捻出できる時間で、1箇所の掃除。こんな小さな習慣だとハードルが下がるのでオススメです。

STYLE HABITS ／18 掃除

わが家の定番 お掃除アイテム。

わが家の洗剤は、これだけ。
使いまわせる多用途の洗剤と、
自然素材のものを使い分けて。

ウタマロクリーナー

素手で使っても手荒れしないのに、汚れがよく落ちます。フローリングやトイレ掃除、ギトギトの油など、色々な頑固な汚れに使えます。

クエン酸

水に溶かして、クエン酸水にして愛用。水垢の掃除に使うことが多く、ケトルに入れて沸騰させてケトル掃除や、空気清浄機の掃除にも。

重曹

電子レンジの中に水と一緒に入れてチン。庫内が水蒸気と一緒に重曹水で満たされ、汚れが浮いてくるので掃除が簡単。

家にある洗剤はこれだけです。兼用できる洗剤にして、種類を少なくしています。以前は、トイレ専用、お風呂専用など、専用洗剤をたくさん買っていて、しまう場所に困っていました。こうすれば、それぞれの在庫も把握しやすいです。

キッチン泡ハイター

毎晩、排水溝のお掃除に使います。カップの茶渋や水筒の汚れは、気付いたときにシュッと吹きかけて美しさをキープしています。

パストリーゼ

ダイニングテーブル、IH、天板、鏡など、拭きあとが残らずキレイ。わが家では、使用頻度がいちばん高い洗剤です。

オキシクリーン

湯船のフタや風呂イスをバスタブの中に入れて、漬け置きすればキレイに。汚れがよく取れ、用品をいつもクリーンに保ちます。

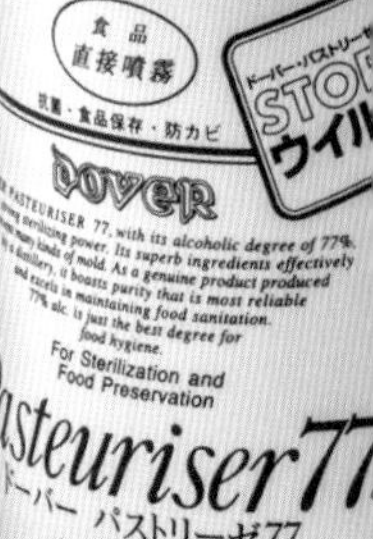

サンサンスポンジ

食器洗いも、お風呂掃除もこれひとつ。細かい食器には小さく切ったモノを使います。保管時は圧縮されて、省スペースになるのも◎。

ひとつの洗剤を使いまわす。

洗剤は台所、お風呂、消毒にも使えるものを。
どこにでも使えるから、
省スペースで、使い切れる。

専用洗剤は収納スペースをとりがちで、使い切るのも大変です。でも、多用途で使いまわせるモノを選べば、いくつも洗剤を買わなくていいので、コストを抑えられ、使い切りも簡単。もちろん、収納をストックで圧迫しません。

たとえば、「オキシクリーン」はお風呂の床掃除をはじめ、台所廻りの掃除や、洗濯物の頑固な汚れ落としや、漬け置きでタオルの臭いを取ることもできます。さらに、シンクにこびりついた汚れ※にも効果的です。

拭き掃除はどこでも「パストリーゼ」で。自然素材なので、子どもの口に入る食器やおもちゃ、台所用品などにも使えるのがうれしい。パッケージがおしゃれなのも、やる気をアップさせます。

容器に移し替えて使いやすく、出しやすくした重曹やクエン酸は、多用途の定番。他のもので兼用できないかを考え、「シンプルで幅広い用途のモノを使いまわす」のが最強です。

※ステンレスシンクは、ステンレスの種類、コーティングの有無によって不具合が生じる可能性があります

パストリーゼは安全性が高い洗剤。だから、万が一、口に入っても大丈夫。子どもがご飯を食べたり、勉強したりするダイニングテーブルの拭き掃除には欠かせません

お風呂の床には
そのまま塗布して！

お風呂の床に巻いて、お湯をかけると白さがよみがえり、ピカピカになるのが楽しいです。いろいろなモノに役立つ洗剤ですが、事前に使用可能か確認してから使っています

	焦げ落とし	洗濯	消臭	除菌
	×	×	△	○
	◎	○	◎	×
	×	◎	○	○（布製品を1時間以上漬け置き）
	○	×	×	×
	×	×	◎（防臭）	◎
	×	×	○	○

場所に合わせて、ぴったりの洗剤を使ってみて

※本書で紹介しているものは、著者自宅での掃除方法です。洗剤メーカー、住宅設備メーカーが推奨する方法とは異なる場合もありますので、事前に商品パッケージや設備のお手入れ方法をお読みください。

わが家で主に使っているのは、クエン酸、重曹、オキシクリーン、ウタマロクリーナー、パストリーゼ、キッチン泡ハイターの7つ。それぞれどこを掃除できるか、一覧表にしてみました。

表を見ると分かりますが、ひとつの洗剤でさまざまな場所を掃除できます。一般的な掃除なら、この7つでおおよそ網羅できるはず。

そして、ポイントは毎日少しずつ、「ながら」掃除をすること。掃除をしない日が続くと、汚れは溜まっていきます。そうすると、万能洗剤といえども、キレイにするのに時間とエネルギーを使うことになります。

「これはどこに使えるの？」、「あそこの掃除って、どれを使ったらいいの？」を解決して、自分が使いやすい洗剤が見つかれば、ぐっと掃除が楽しくなります。ぜひご自宅でもいろいろ試してみて、ぜひヒントに役立ててください。

・便利な洗剤使いまわしチャート

洗剤名／用途	シンク	木材家具	お風呂の汚れ	油汚れ
クエン酸	◎（水垢）	◎（水拭き可能なモノに限る）	◎	△
重曹	◎	×	△	○
オキシクリーン	◎（P107※参照）	×	◎	○
ウタマロクリーナー	◎	◎（水拭き可能なモノに限る）	◎	◎
パストリーゼ	◎	△	○	○
キッチン泡ハイター	◎（2分間漬け置き）	×	×	×

作りながら食べてもらう
「コース料理形式」で、
あつあつの出来立てを召し上がれ。

LIFESTYLE HABITS ／20　料理

作り置きは、あえてしない。

「買ってそのまま出せる」食材があれば超便利

○フルーツ（バナナ）　○サラダ　○ハム　○もずく　○フルーツ（ぶどう）
○チーズ　○しらす　○ミニトマト　○冷ややっこ　etc

わが家では、作り置きはあえて、していません。だから、平日の疲れが出る土日は、ゆっくり休みたいもの。夕ご飯は、作った料理から順番に出していく「コース料理形式」に。これなら、忙しい平日の夜でも、出来立ての料理が食べられるようになります。

方法は、①買ってそのまま出せる食材、②茹でるだけ／焼くだけの簡単副菜、③汁物、④メイン料理を順番に出すだけ。出しながら食べてるうちに、次の料理が自然とでき上がるので、腹ペコな子どもたちを我慢させずにすみます。

時間がかかる揚げ物などのメイン料理は最後に。焼いたモノのほうがスムーズに出せるので、基本的に煮物はしません。先にお腹いっぱいにならないように、ご飯はメインと一緒に。時間稼ぎに、たまに冷凍食品にも活躍してもらいます。

時短なうえ、自然と1品1品をゆっくり味わって食べられるので、オススメです。

わが家の夕ご飯ルーティン。

料理開始!

1

まずは「そのまま出せる」食材を前菜に

その日の疲れ具合を見て、帰宅しながらメニューを決めます。まずは「そのまま出せる」納豆やトマトのサラダなどを前菜に。あれこれ迷うことなく、食材に手を伸ばして、料理をスタート

わたしも
つまみ食い
しつつ

揚げものを
仕込んで…

2

茹でるだけ、温めるだけの副菜や汁物を出す

出来た料理をキッチンの上に並べておくと、長男がダイニングテーブルに運んでくれます。このひと手間が大きな時短効果に。疲れている日は、わたしも一緒につまみながら、メイン料理を加熱します

ママのご飯は
いつも美味しい!

子ども達が食べている間に、次の料理の続きを。食べ終わる頃に次の料理を出せるので、焦りません。時間がない日は、温めるだけの野菜たっぷりラーメンや、せいろで一度に作れるシュウマイ+蒸し野菜など、このタイミングで皆で食べられるように工夫

疲れた日は
このタイミングで
一緒に食べます

3

メインが完成！

この日は、子どもたちの大好きな唐揚げ。揚げ物は手間ひまがかかるので、疲れていないときに料理するのがオススメです。時間がない日は、無理せず、レトルトの丼ものなどを活用して

そろって いただきます！

4

最後まで調理が終わったら、一緒に食べます。みんなで食卓を囲む、小休憩タイムです。出来立て料理は、やっぱり美味しいようで、子どもたちも喜んでくれています

大人用のメニューを別で作る日も

チンジャオロースなど、子どもがあまり食べない大人メニューを、夫かわたしが作る日も。みんなが夕食を食べた後だと、心の余裕もできます

台所まわりこそ、「使い捨て」。

たまにしか使わない来客用の食器に
収納スペースを明け渡さない。
紙皿を活用して、いつも可愛く、清潔に。

めったに出番のない来客用食器は、使い捨てでもOK。陶器や磁器のように場所を取る食器は使わず、かわいい紙皿やプラ食器をスタンバイしておきます。

はじめは、普通の食器でもてなしていましたが、お客さんが帰って片づけたあとに、ドッと疲れが出てしまうのが嫌でした。

だったら、「いっそのこと使い捨て食器を使ったらどうかな？」と試してみることに。友人たちにも話してみたところ、即OK。特に子連れで来客するママ友は、自分の子どもが食器を割る心配もなくなり、快く賛同してくれました。

使い捨てられる食器なら、収納場所もコンパクト。片づけもただ捨てるだけです。リーズナブルで、衛生面も考えると、来客時の食器としてパーフェクトです。これで、気の置けない人たちを、本当の意味で心を込めておもてなしすることができるようになりました。

紙ナプキンは可愛いモノをチョイス

お皿もコップも、カトラリーも100均。紙ナプキンはインターネットで買うことが多いです。北欧系デザインが好き

ほかにもこんなモノも！

「使い捨て」グッズリスト

○ 台拭き

布製の台拭きを使うと、煮沸消毒などのメンテナンスにひと手間が。わが家では、パストリーゼをかけた使い捨てのダスターを使っています

○ 三角コーナー

ポットは買わず、料理中の生ごみは出たタイミングでスーパーのビニール袋に入れて、その都度ポイ。いつも調理台廻りもきれいに

○ ランチョンマット

可愛い紙ナプキンで代用。今はクリスマスやハロウィンなど、季節の柄なども100均などで手に入るので、おもてなしやパーティにぴったり

○ 油汚れを洗うスポンジ

頑固な油汚れの食器洗いには、使い古して捨てるスポンジを小さく切っておき、洗ったらそのままポイ。スポンジの油を落とす手間が省けます

LIFESTYLE HABITS ／22　洗濯

ラクラク洗濯のキモは「干し方」でした。

使わないときはしまっておけて、
簡単に設置できる
物干しホルダーが活躍。

物干しホルダーが超便利！

いつでも、
好きな位置に
設置できます！

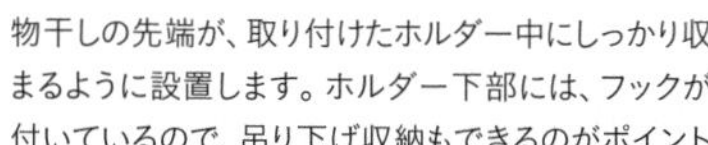
物干しの先端が、取り付けたホルダー中にしっかり収まるように設置します。ホルダー下部には、フックが付いているので、吊り下げ収納もできるのがポイント

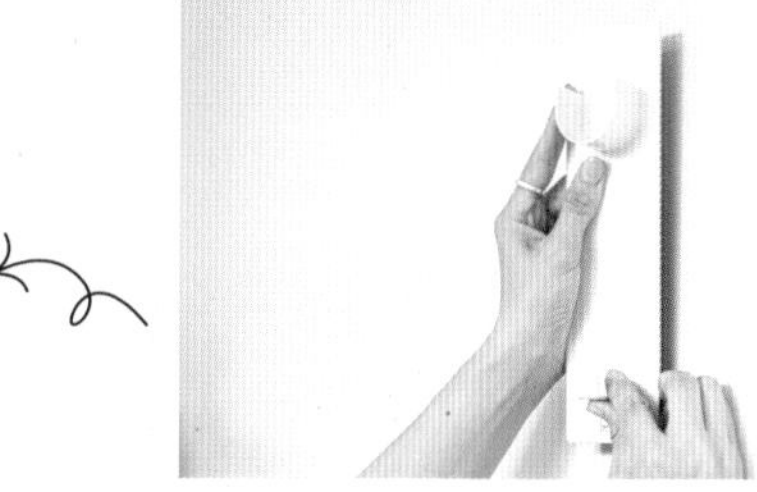
山崎実業「マグネットバスルーム物干し竿ホルダー2個組 タワー」。マグネットが付く浴室の壁にホルダーを取り付け、反対側にも同じように取り付けます

洗濯の頑固な汚れにはオキシクリーンを投入！

脱衣場には、備え付けの洗濯干しがありますが、実は浴室にも、もうひとつ。マグネットで付けられるタイプの物干し竿を使っています。必要なときだけ取り付けられるから、省スペースで便利です。

シワになりやすい衣類やおしゃれ着は、室内干しに。雨の日や洗濯量が多いときは、干し場がいくつか必要になります。

でも正直、お風呂や子どもたちの洗面の邪魔になるので、「いつもはいらない」。このバランスを満たしてくれます。

浴室乾燥機がなくても、サーキュレーターを回せば乾燥時間が約1／2になり、時短効果が抜群でした。わが家ではアイリスオーヤマのモノを愛用。カビのや臭いの原因となる湿気対策にもなります。

LIFESTYLE HABITS／23 趣味

片づいた部屋に、植物を。

わが家では、観葉植物で
余白を愉しんでいます。

キレイな部屋になったら、気持ちや暮らしにもゆとりが生まれました。そこで、片づいて空いたスペースに観葉植物を置くことに。今では、雑貨を買う代わりに、観葉植物を育てることで生活リズムが整い、精神的な満足感にもつながっています。余計なインテリアを買わなくなったので、モノが溜まることもありません。

特に、植物を省スペースに飾れる「ドローアライン」はオススメ。おしゃれな突っ張り棒のようなもので、簡単に植物を空中収納できます。床置きしなくて済むので、掃除もラク。また、好きな位置にライトを取り付けられ、日照が少ない部屋での採光もカバーできます。

夫も観葉植物に興味が湧くようになり、今では植物のお世話係は夫の役目。夫婦の共通の趣味になりました。二人で20種類以上の観葉植物を育てています。

植物を手軽に空中収納！ドローアラインの設置方法

1 設置場所に長さを合わせる

マットな質感の本体は、設置場所の幅や高さと、長さがぴったり合うように調節します

2 ネジで棒の長さを固定する

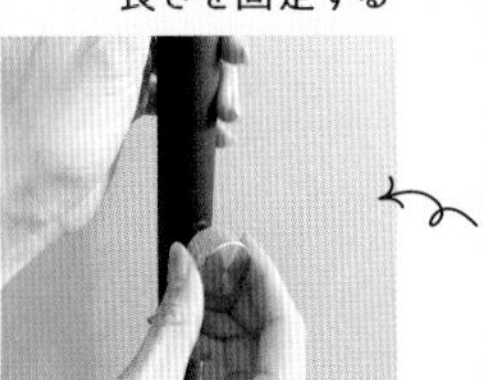

真鍮でできたネジがおしゃれ。ネジに付いたキリをパイプに刺し、長さを固定します

3 グリップを締めてロック

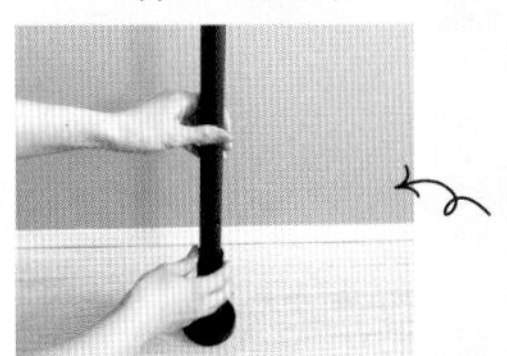

最後に、本体下部にあるグリップを回して、長さを微調整。より強固に固定させます

ほかにもこんなアイテム

IKEAで買ったサイドテーブルを飾り棚に。花瓶と同色系のお手製ドライフラワーをさしました。色味を統一して全体を整えると、空間のアクセントになります

エアープランツを天井から吊り下げているのは、石膏ボード用のフック。対荷重2kgなので、苔玉などにもおススメ。植物の空中収納は、インテリア感覚で楽しめます

簡単なお手入れを紹介します！
植物には、葉水をやるのも大事です。

簡単に育てられる！
オススメ
植物紹介

初心者でも育てられる！
簡単に育てやすい植物と、必須アイテム

イチオシ！

ウンベラータ

わが家の古株。育てやすくて、ハート形みたいな葉っぱが気に入っています。葉の透け感で清涼感が醸し出されるのもお気に入り

オーガスタ

置くだけでホテルにあるような、リッチで洗練された雰囲気に。暑さ寒さに強く、枯れにくい。丈夫な植物なので安心して育てられます

サンスベリア

1ヶ月水やりをしなくていい、まったく手間のかからない植物。なのに、癒しの空気をたくさん出してくれる優れモノです

コウモリラン

鉢に入れても、上から吊り下げても、苔玉にしてもサマになります。部屋の雰囲気に合わせて、飾るスタイルを決めてみて

小さい鉢で楽しむ緑

カラテア

200種類以上もある中から選んだカラテアは、黒い葉っぱにピンクのラインにひと目惚れ。シックで上品な印象を与えてくれます

アデニウム

膨らんだ根元が可愛くて好き。ツルッとした表面も愛らしい。ユニークなフォルムで、美しい花も咲くので、オススメの植物です

植物を育てるコツ

虫よけには
ニームオイル

葉水を与えるときに霧吹きに混ぜて使います。1週間に1回程度が目安。オーガニック成分で安全に、病害虫を予防します

日光と、風の
管理が大切

カーテン越しの優しい光を当てるために、リビングの履き出し窓付近が植物の定位置。サーキュレーターで空気の循環も作っています

COLUMN

わが家のお役立ち家電。

わが家が導入してみて、「家事が劇的にラクになった!」と思う家電を紹介します。食洗機や乾燥機、お掃除ロボットは、高価なので、特に「この機能があると便利」というものを紹介しています。ちょっとした家事ストレスを解決してくれる、お手頃家電も紹介します。

暮らしがラクになる!
憧れ家電

1 お掃除ロボット

床も片づいて、一石二鳥!

家の間取り図を瞬時にスキャンし、マッピングする機能が便利でした。間取りが複雑でないお家では、低価格帯のモノでもうまくいくはず

2 ドラム式洗濯乾燥機

干す手間が大幅に短縮されました

乾燥機能を重視して選べば、トレーナーなどはシワもなく、すぐ乾いてオススメ。頑固な汚れは、オキシクリーンや漬け置きとの併用で解決

3 食器洗浄機

置き場所があるなら絶対オススメ!

基本的には大きさで選んでOK。夜の家事に時間が割けない人にこそオススメ。家族だんらんの時間が持てます

4 スマートリモコン

使ってみるとすごく便利

子育てや買い出しで両手がふさがっているとき、話しかけるだけで照明やエアコンのON/OFFができます

今すぐ取り入れたい！

お手軽家電

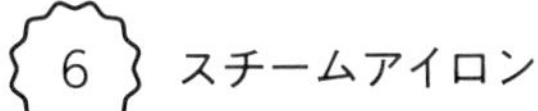

6 スチームアイロン

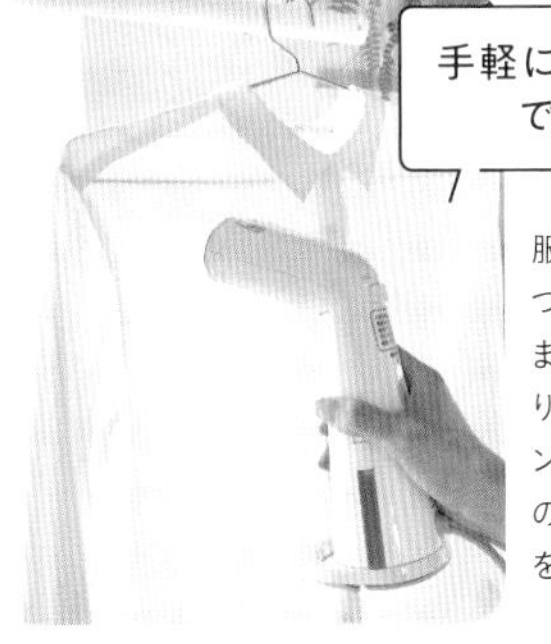

手軽にシワ取りできる

服のシワが目立つときに使っています。立ち上がりが早く、アイロン台も必要ないので、面倒臭さを感じません

5 ハンディ掃除機（マキタ）

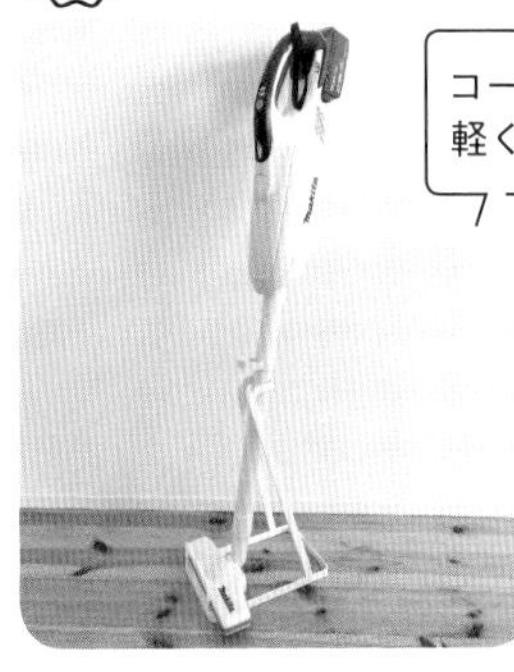

コードレスなので軽くてすぐ使える

掃除したいときにすぐに取り出して、サッとキレイにできる。この軽快さが、掃除を楽しく快適にします

8 スマートスピーカー

料理中のちょっとした調べものに

手が離せない料理中など、話しかければ音楽を流したり、アマゾンで買い物したり。家事の手が止まらずスムーズです

7 除湿機

洗濯物がすぐ乾く！

除湿＋サーキュレーターで送風。洗濯物の乾きが早い！　便利なタイマー機能付きだから、夜にも稼働させています

10 布団乾燥機

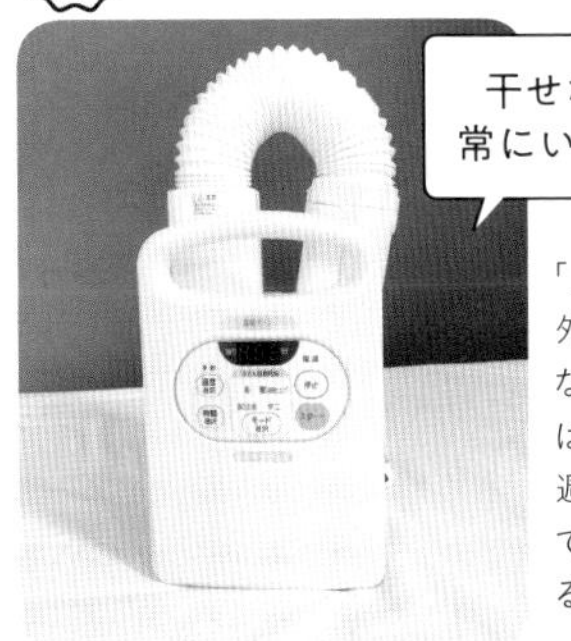

干せなくても常にいい気持ち

「土日に布団を外に干す時間がない！」という人は使ってみて。週2〜3回、高温でダニ取りできるので安心です

9 毛玉取り器

冬の衣類の袖口に大活躍

お気に入りの洋服の毛玉は、見つけたらコレで即退治！　洋服を買い替える頻度が減り、長く着用できています

わが家の収納ルームツアー。

ここでは間取り図を元に、家全体の収納と、家事ラク収納のポイントをご紹介します！
わが家は2階建ての一軒家ですが、各場所と収納の関係性やコツは、
賃貸でも取り入れられるものも多いはず。
ぜひ、ご自宅のレイアウトや、インテリアの参考にしてみてください。

ひと目で見やすい！横並びのクローゼット

あえてウォークインクローゼットにはせず、洋服すべてがパッと見てわかりやすい横並びのクローゼットに。ウォークインより収納量は少ないですが、洋服を厳選した分、朝、服に迷うことがなくなりました

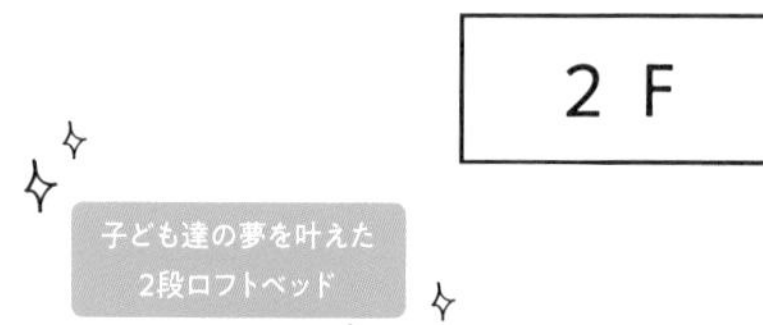

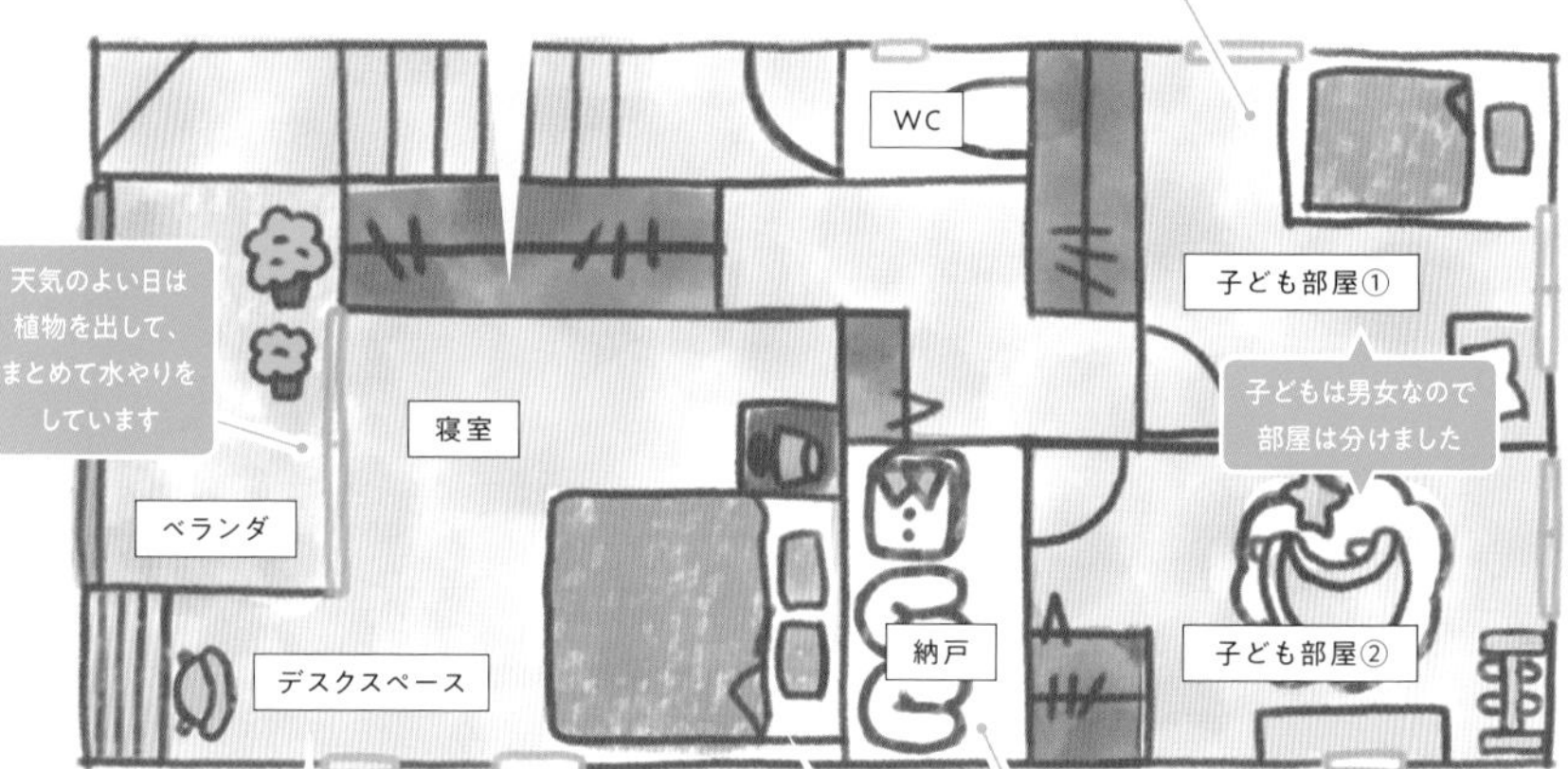

仕事や、大人用のモノはココへ

夫が仕事を持ち帰ってきたときは、このデスクスペースで。子ども達がよく居る1階のリビングと離れた場所に仕事場を設けることで、落ち着いて作業ができます。また、大人しか使わないような工具なども、ここへ収納しています

掃除しやすい！何もない寝室

使うのは大人だけなので、思い切ってベッド以外は極力、何も置かないように。掃除もラクで、落ち着けるスペースになり、気に入っています。ここだけは、壁紙もシックな雰囲気でまとめました

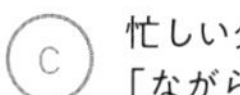

忙しい夕食時も「ながら洗濯」

洗濯機を回したり、干したり、畳んだりと、夜の洗濯には何かと手間がかかるもの。キッチンと洗濯機が近くにあると、手が空いたタイミングで洗濯を進められるので便利です。洗濯物はサブリビングで畳んでいます

b 買い物をすぐしまえる「買い出し動線」

買ったモノを最短距離でしまえるよう、玄関脇に冷蔵庫を配置。忙しい日の夜には、買ってすぐ出せる果物や納豆などを、そのままの流れでキッチンから出すことも。近接するパントリーの棚にもしまいやすいです

a 帰宅後、そのまま手洗い・お風呂

子ども達が帰ってきたら、そのまま手洗い場へ。遊んで汚れて帰ってきても、洗濯機に衣類を放り込めば、そのまま一直線にお風呂に入れて、清潔です。土間収納には、自転車や植物の手入れ用品など、土汚れが気になるモノを収納しています

子どもが喜ぶ！階段下収納

階段下には、よく使う子ども達のおもちゃを収納。この中のおもちゃの管理は、配置や片づけを含めて、子ども達にお任せ。リビング横にあるので、すぐにおもちゃを片づけられ、いつも部屋はすっきり。丸い入口がお気に入りです

1 F

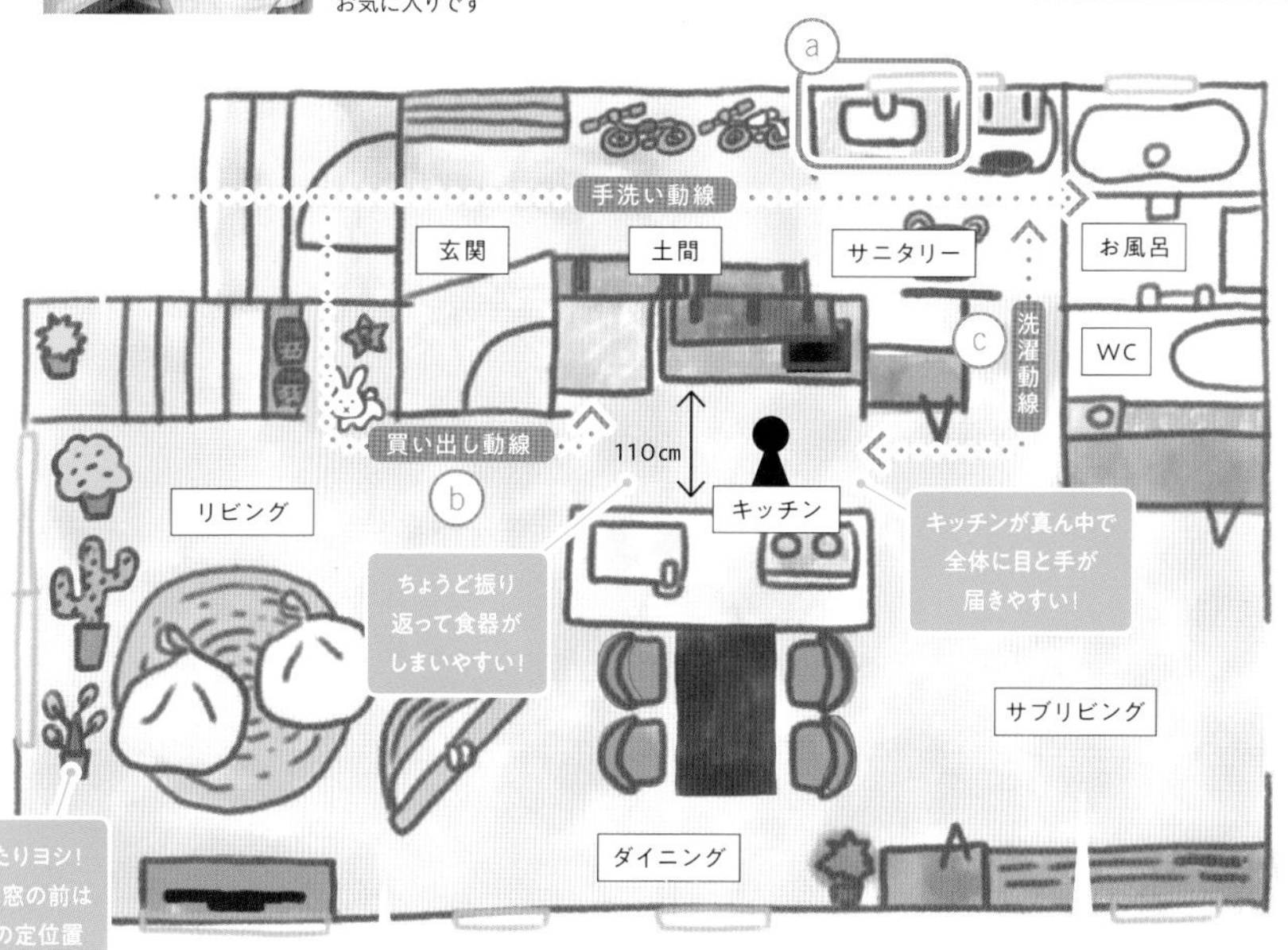

広々使えるようにあえてソファは置かない

なるべく広く使えるように、ソファは置かず、移動させやすいハナロロのビーズクッションをふたつ置いています。掃除もしやすく、子ども達が遊ぶときも邪魔にならないのでお気に入り。テレビから少し離れた位置に、ハンモックを吊るしています

子ども達の身支度スペースにぴったり

主に、子ども達の学校や保育園用品などを収納。モノをなるべく置かないことで、毎朝の身支度も広々と行えます。洗濯物を畳んだり、裁縫をしたりと、ちょっとした家事スペースにもなって便利です。来客時には布団も敷けます

Postscript

おわりに

この度は数多くの本の中から、この本を手にとってくださり、本当にありがとうございます。

私は、もともと仕事に育児に奮闘する、ただの主婦でした。

そんな中、暮らしを変えようと整理収納に興味を持ったことで、少しずつ生活が変化していきました。

忙しすぎて溜まっていく家事を前に、昔は夫婦間がギクシャクしたことも多かったのですが、それも最近はほとんどなくなりました！（全くなくなった、とは言えません……（笑）。）

いきなり毎日が変わった訳ではありませんが、ちょっとずつでも片づけを進めたことは、本当によかったと感じています。

そんな片づけについてシェアしようと始めたインスタグラムでは、多くの方にフォローして頂き、応援して頂くことで、日々の更新も頑張ることができました。

すべてのきっかけは、「整理収納」だったと言えます。

そんな「整理収納」の工夫について、皆さんとこの本を通して共有できればいいな、と思います。

この本を読んで、暮らしをもっと楽しんでみようと思っていただけたら、著者としてこれに勝る喜びはありません。

ひとりでも多くの方と、その楽しさを共有できたらうれしいです。

整理収納アドバイザー・えり

心地よく暮らす 片づけ・収納

2021年12月25日　初版第1刷発行

著者　えり
発行者　澤井聖一

発行所　株式会社エクスナレッジ
〒106-0032
東京都港区六本木7-2-26
https://www.xknowledge.co.jp/

問合せ先
編集　Tel 03-3403-6796
Fax 03-3403-1345
info@xknowledge.co.jp
販売　Tel 03-3403-1321
Fax 03-3403-1829